服务为王　礼仪相彰

Yinhang Fuwu Liyi Biaozhun Peixun

银行服务礼仪标准培训

著名银行服务礼仪培训专家**吕艳芝**

17年银行服务课题研究结晶

近**1000**场一线实战培训经验**倾情奉献**

吕艳芝
纪亚飞 / 主编

单　侠
廉　洁 / 副主编

Etiquette

中国纺织出版社

内容提要

《银行服务礼仪标准培训》一书系统地介绍了银行礼仪的基本知识和行为规范。阅读本书，能够提高银行员工的职业修养水平，提升服务意识，使银行员工掌握处理问题的方法与技巧，在工作中增强自信并实现个人价值，促进银行及员工的发展。

《银行服务礼仪标准培训》一书可作为银行各层面员工的礼仪学习读本，也可作为银行礼仪培训的教材。

图书在版编目（CIP）数据

银行服务礼仪标准培训／吕艳芝，纪亚飞主编．—北京：中国纺织出版社，2014.5（2020.8重印）

ISBN 978-7-5180-0018-0

Ⅰ.①银… Ⅱ.①吕… ②纪… Ⅲ.①银行—商业服务—礼仪—教材 Ⅳ.①F830.4

中国版本图书馆CIP数据核字（2013）第217808号

策划编辑：金 彤 姜 冰　　特约编辑：王文仙

责任印制：何 艳

中国纺织出版社出版发行

地址：北京市朝阳区百子湾东里A407号楼　邮政编码：100124

销售电话：010-87155894　传真：010-87155801

http：//www.c-textilep.com

E-mail：faxing@c-textilep.com

官方微博http://weibo.com/2119887771

北京玺诚印务有限公司印刷　各地新华书店经销

2014年5月第1版　2020年8月第3次印刷

开本：710×1000　1/16　印张：16.5

字数：197千字　　定价：39.80元

写在前边的话

这是四位编者恳切申请来的“爬格子”机会，原因有三。

第一，就像向中国纺织出版社的编辑姜冰老师表白的那样：“姜老师，在长年的社会礼仪培训中，银行柜面人员、大堂经理、客户经理以及管理人员的培训课程占到了五成以上。对这一层面人员的礼仪培训，我们的体会和感悟是最多的。我们发自内心地期待将这些体会和感悟与银行员工分享。”

曾记得，我第一次接到银行培训的邀请是在十几年前。那时，我对银行礼仪培训是陌生的，是忐忑不安的。也就是在那时，通过对银行网点（那时银行网点称为储蓄所）服务的调研，通过聆听网点领导对培训的要求：“吕老师，就将您对五星级酒店的培训标准用到我们的银行培训中就可以了”，我清楚了银行对礼仪培训的渴望。

自那一刻起，我由对银行的不十分了解到比较了解，由将五星级酒店的服务标准比较生硬地移植到银行,到能够根据银行的工作性质和特点,比较灵活地、有针对性地、有实效性地完成银行培训课程；由一味地强调客户是上帝、客户永远是正确的，到比较客观地对银行服务、对客户心理进行理性的分析，最终与参训员工分享解决问题的好方法。

在这一过程中，我、纪亚飞老师、单侠老师、廉洁老师和银行及银行的员工一起成长着。

所以，我们热切地期待这次“爬格子”的机会，我们要通过这一机会表达自己对银行的谢意。感谢大家！是你们在十几年的合作中促使我们得到了成长和历练。

第二，我们十分清楚银行员工的辛苦。“5+2”，“白＋黑”是银行员工对自己工作状态的真实表达。其实，这种表达只是在形容他们在时间方面的付出，是5个工作日加上2个公休日，白天再加晚上。殊不知他们更大的压力并不是时间上的付出，而是来自精神上的压力。

银行工作的核心是拥有忠诚客户及完成销售任务。为了达到这些目标，所有员工在工作中要讲求办理业务的效率，要保证业务办理的准确性，还要判断客户的心理需求，做出使客户获得良好情绪体验的服务行为。因为，让客户产生这种情绪体验，是使其成为回头客的最好做法，这无形中给所有员工带来很大的挑战。

银行员工还要面对少数不太礼貌客户的指责甚至谩骂。有些员工无奈地说道："其实，如果是因为做错了什么而被客户指责甚至谩骂，我都能让自己心理比较平衡。但是，有些客户会将不良情绪转嫁到我的头上，比如客户带着非常郁闷的心情来银行交付交通违规罚金时，会将我当成出气筒，这就让我觉得很冤枉。"

另外，银行与银行间的竞争、外资银行的引入等，无形中给银行带来了更大的压力，这些压力最终会加在每一位员工身上。

在十几年的银行培训中，我和纪老师、单老师、廉老师将银行员工的工作状态看在眼里，记在心中。我们发自内心地想通过"爬格子"为银行员工排忧解难，以减轻大家的精神负担，让大家感到工作是快乐的、幸福的，尽管我们的力量是微不足道的。

我们要将如何面对工作，如何解决问题的想法与做法和大家分享，并以此期待大家能够做到快乐工作，并享受工作的过程。

第三，在多年的尤其是近几年的银行礼仪培训中，我们经常听到银行的领导及参训员工说："老师，将您的银行培训课程写成一本书吧，这样做，可以让更多的人受益。"

还曾有领导讲道："如果您出版了银行礼仪的书籍，请第一时间告诉我，我要让分行所有员工人手一本。"

大家的鼓励和期待激励着我们，大家的鼓励和期待让我们决定郑重其事地向中国纺织出版社申请完成这本书的写作。

这是一本共同分享银行服务礼仪的书籍。

我们试图将服务由最初的关注服务规范，之后的关注客户需求，最终的关注客户体验的服务定位的变化与大家分享。因为我们确信：银行唯有服务无法复制，银行员工个人的发展与银行集体的发展来自于良好的服务。

我和纪亚飞、单侠及廉洁老师始终认为，在社会培训中自己并不是"师"，我们期待在同一个平台上与大家分享知识、思想、方法和技能。所以，这不是

一本教导大家怎样想、怎样做的书籍，而是一本和大家共同分享银行服务礼仪的书籍。

这是一本与银行员工共同完成的书籍。

在这本书中，有我、纪老师、单老师、廉老师及大家对银行工作的理解、想法及做法。

比如：作为柜面工作人员，我们比较担心客户提出异议。

比如：作为大堂经理，我们比较担心销售国债时网点失去秩序。

比如：作为客户经理，我们非常担心失去客户。

在书中，面对这一个个难题，我们会将富有经验的柜面人员、大堂经理以及客户经理生动的成功案例与大家分享。相信，这些案例会起到指导大家比较好地解决困难的作用。

这是一本呈现银行良好服务礼仪做法的书籍。

我们清楚，服务，从性质上讲分为机能性服务、情绪性服务及复合性服务。

当客户面对ATM完成业务时，由于业务是在人与物之间发生的，所以，这属于机能性服务。

当客户面对大堂经理进行业务交流时，由于这种业务是在人与人之间发生的,交流的双方都无法做到摆脱对方情绪的影响。所以,这属于情绪性服务。而且,客户与柜面人员、大堂经理、客户经理的表情、眼神、语言、声音、仪态等都会直接影响到双方的情绪。

以上两点清晰地告诉我们，银行属于复合性服务业。

面对银行服务的性质，我们的工作重心应该是什么呢?

一个不争的事实告诉我们，机能性服务很难获得服务好评。所以，我们工作的重心应放在情绪性服务上。情绪性服务使客户获得好的体验，同时产生新的期待，新的期待促使客户成为回头客。

至此，良好的服务做法是什么，相信大家已经得出了答案，那就是讲究服务礼仪。

这是一本专门为银行而写的书籍。

我们将努力使这本书立足银行，并使其具有针对性。这种针对性来自我和其他三位老师对银行比较深入的、比较细致的、长时间的了解和合作。

比如：2003年，我曾为招商银行某分行起草网点服务礼仪规范，为农业银行某分行起草并录制《网点服务规范》，为中国银行某分行完成了7000余名员工的轮训及礼仪大赛的评委工作等。

比如：纪亚飞老师在为银行进行培训的同时，还深入银行完成标志性网点的建设项目及承担银行礼仪大赛评委工作等。

比如：银行服务礼仪是单侠老师所擅长的课程，她还曾被中国银行某分行聘为社会服务督导。

比如：廉洁老师有多年的银行大堂经理工作经验。她在完成银行员工培训的同时，还参与了某银行总行的“大堂经理培训项目”研发小组的工作，负责部分案例的编写和题库的出题任务。

我们努力用银行的文化描述银行的事情；努力用银行的语言描述银行的服务；努力用银行的案例诠释银行的工作程序及礼仪细节。

纪亚飞老师完成了下篇第三章的编写工作。单侠老师完成了上篇第二章、第三章的编写工作，并负责和参与了插图的拍摄。廉洁老师完成了下篇第二章，下篇第一章、第三章案例分享的编写工作。

感谢某银行支行行长张丽、姜华和邓延，大堂经理王剑波，客户经理张赟和王鑫，柜面人员刘晓亮、豆世杰、罗小丽、梁艺、冯兵、方文文及负责银行培训的领导刘春玉、冯延惠、刘宗玉等提供的具有典型性的、生动的案例。

感谢中国银行、工商银行、建设银行、农业银行、交通银行、招商银行、兴业银行、农商行、荷兰银行等，在近20年的银行课程中，给予的信任及锻炼成长机会。

感谢教育部职业核心能力办公室，天一仕业、正信嘉华、千轩机构等管理顾问公司，在常年的银行合作项目中给予的信任、关怀和支持。

感谢北京市求实职业学校王艳老师参与并组织李瑶瑶、仝瑞源、周雨、刘丹玥、刘京茹、刘朝、张爱龙同学完成插图拍摄工作，感谢北京市求实职业学校提供的拍摄场地。

感谢朱玉华老师提供的插图。

感谢张硕老师在百忙中抽出时间，完成了银行男员工行为规范的插图拍摄。

感谢郝瓅老师提供的相关资料，这些资料很好地丰富了此书的内容。

感谢郝永利老师，盛世祥云ING穆斯摄影室的王永经理、摄影师亮亮给予的专业的、尽心尽力的插图拍摄支持。

真诚地感谢大家！

吕艳芝

2014年元旦

目 录

开篇

银行礼仪概说

如果有人问我们："银行员工为什么要讲究礼仪呢？"

相信大家会这样回答："银行员工在实践礼仪的过程中，会为客户带来受到尊重的感觉。"

大家还会回答道："当客户有了受到尊重的感觉时，会支持和配合我们的工作，还会对我们的服务给出良好的评价。"

当然，针对此问题的答案还有许多许多。

面对和银行工作伙伴们共同分享的这本书，上述两种答案已经揭开了我们要探讨的主题：礼仪和服务的关系。

在开篇"银行礼仪概说"中，我们将共同分享先进的服务理念——关注客户体验。还将共同分享将这种先进的、美丽的服务理念呈现于客户的方法。

第一章

唯有服务无法复制

一个不争的事实是，银行推出的新产品，其生命力比较差。其生命力差的原因也很简单，一个新产品会在一夜之间被无限复制。在被无限复制后这个产品就等于死掉了，因为，它已经没有了竞争力。

所以，银行业界的同仁一致认为，银行的发展“抓服务才是硬道理”。因为，银行发展“唯有服务无法复制”。

银行服务的最高境界

记得在 1995 年的某一天，我接到了社会培训中的第一个银行培训信息。这一信息让我很是忐忑。

我老实地回答对方道："感谢您的信任，但我没有做过银行礼仪培训，恐怕……"

对方打断我的话鼓励道："吕老师，我知道您比较擅长酒店服务礼仪培训，您就告诉我们酒店的员工是如何服务的就'OK'。"

听到对方对课程是这样的要求，我的心情由忐忑不安很快转为平静。

我爽快地接下了人生中第一堂银行服务礼仪课程。

为了完成这次课程，我到银行的一个网点进行调研。

那时银行的网点叫做"储蓄所"。在一间不大的房子里，没有座椅，没有 ATM，没有取号机，更没有叫号机，只有站在 1 米线外排队等候的客户及落座于高高柜面内的柜面工作人员。

进到储蓄所，在一声声"对不起"中，我穿过排队的人群，寻找了一个不大碍事的角落，站在那里观察着能够观察到的一切。

至今，第一次银行调研中的一个声音似乎还在耳畔："您要取的是 ×× 元……"我感到这个声音足以让门外路过的人听得真真切切。

通过调研，我基本明白了银行礼仪培训课程应如何设计，如何定位，如何将礼仪与银行的工作有机结合在一起。

回忆十几年的银行礼仪培训工作，我感到中国的银行服务，从对服务的定位来讲，经历了如下三个阶段：

第一，关注规范和流程。

第二，关注客户需求。

第三，关注客户体验。

一、关注规范和流程

当我们利用下班后、休息日的时间进行了服务礼仪课程的学习之后，努力按照行里出台的服务要求工作着。

在抓服务规范、服务流程的日子里，一些银行出现了和酒店服务类似的景象。

比如：身穿礼服、头顶礼帽、身披绶带的门童出现在银行的网点之中。

在抓服务规范、服务流程的日子里，来到银行的客户基本能听到柜面工作人员的迎客声："您好！请坐。"

当我们做了这些努力后，我们期待着服务水平的提升以及客户的好评。

可是，我们却得到了这样的客户评价："来到银行，工作人员便会迎接、询问、解答问题、处理业务、送别，他们很辛苦。但，我并不认为我接受了服务。我在乎的是他们如何做这些，也就是他们的做法和态度到底是什么。"

客户还评价道："办理业务等待的时间太长了。"

这些评价，让我们感到客户对服务规范及流程没有兴趣，他们关注的是自己的需求是否能得到满足。

所以，我们将服务的重点很快转移到了"关注客户需求"这一层面。

二、关注客户需求

在积极实践"关注客户需求"的过程中，银行进行着各种人性化的环境改造。

比如：通过降低柜面的高度，在形式上让客户能够与工作人员平等对话。

比如：自助设备和舒适的座椅出现在营业大厅，使部分业务可以做到离柜办理，从而缩短了客户等候的时间。

还比如：推出了许多客户喜欢购买的产品，甚至各种奖励性的礼品也被频频推出。

我们发现，"关注客户需求"这一理念的落实见到了成效，多数客户对我们的服务是满意的。

可是，我们还发现，表示满意的客户中有85%的人离开了我们。这让我们困惑，让我们痛心。

客户评价道："柜面已经够低了，设备已经够好了，但，我认为一张笑脸远比柜面和设备重要。"

听得出，客户期待我们的服务是热情的，是能使对方感受到快乐体验的。

客户评价道："我进进出出这家银行已多年，但每次听到的都是'您好，请问您办理什么业务？就不能改一改提问的方式吗？'"

我们听得出，客户期待和我们建立友好的关系，期待办理业务的过程是一种享受。

所以，在近几年的银行服务礼仪培训中，我们将关注客户体验作为服务的较高境界贯穿于课程的始终，这种理念也很快得到了银行员工的支持和认同。

三、关注客户体验

首先，让我们通过两个案例来分享关注客户体验带来的服务结果。

案　例

一位在银行工作的柜面工作人员讲道："一天，在中午一点轮到我用餐时，我将暂停服务牌放好并开始'理数'。此时，有一位客户对我说'下午两点我要开一个紧急会议，你能不能帮我办理一下业务？'"

看到客户很着急的样子，我为其办理了存折挂失业务。

当时，他很感激地对我说："我知道你们柜员很辛苦，中午只有一个小时的用餐时间，我挤占了你15分钟的时间，你吃饭和休息时间就只有45分钟了，真是太感谢你了。"

之后，客户在"解挂"时对我说道："这笔钱我本打算转走的，我知道你们柜员也有任务，我索性就在你这里做理财吧，请你帮我筹划一下！"

客户最终买了×万期交保险产品，××万基金，剩余××万存了半年的定期。2009年我被调到了另一个支行，该客户跟着我来到该支行。年底前，因该支行拆迁，我又调到了另一个支行，该客户又跟着我到现在的支行，存款额一度超过×百万元。现在不仅他是我的客户，他还努力说服他身边的朋友来找

我办理业务。

在这一案例中，柜面工作人员看到客户着急的样子后，牺牲了自己的休息时间来为其办理业务。相信，就在那一刻，客户所感受到的已不单纯是自己的业务得到了办理，而更多的感受是内心的快乐。

正是这种快乐甚至愉悦的情绪体验，使这位客户做出了不再转走资金、介绍其他客户来办理业务的行为。更为可贵的是，他跟随这位柜面工作人员多次从一家支行转到另一家支行。

至此，银行一直期待的服务结果出现了：客户忠诚于我们，客户主动宣传我们。

让我们共同分享第二个案例。

案 例

一位大堂经理讲道：有一位儒雅的客户看着我说道："我想开个户，可是眼睛有点花了，您能帮我填一下单据吗？"

我马上说道："好的，请您最后签字确认好吧？"

填单的过程中，当我听到客户说的地址时，我马上反应到，这正是行里多次寻找机会要接触的非常有实力的开发项目的所在地。

当时，我非常兴奋地想到：这可能是此项目的一位重量级人物。

所以，我自信地问道："娄总，您好！"

客户听到后，眼睛睁得大大的，面带喜悦地说："我走了很多银行，只有你认出了我。"

我按捺住内心的激动，说出了想与其合作的意愿。

娄总当即答应我："请明天到公司洽谈吧。"

之后，× 亿元的项目贷款来了，每年上亿元的住房贷款来了，网银、信用卡等多项业务来了……

我们一起来思考，这位大堂经理对客户的称呼，会给对方带来何种情绪体验？

目前，在银行服务中，关注客户体验是服务的最高境界。

面对客户，我们说的每一句话，完成的每一个动作，做的每一件事情，都要力争做到为客户带来积极的情绪体验。

作 业

1. 请谈一谈学习这一节的体会。

2. 在以往的银行工作中，你一定多次为客户带来过惊喜的情绪体验。请任选一个案例并与大家分享。

3. 为什么获得积极情绪体验的客户有可能成为忠诚的、乐于宣传我们的人？

客户体验的最高层次

关注客户体验是银行发展的灵魂，客户的体验决定着银行的生存。

客户体验存在于我们与客户接触的各个环节之中，服务则是我们给客户提供良好体验的手段。

一、什么是客户体验

客户体验一般是指我们给客户留下甚至是持续留下的良好心理体验，这种良好的心理体验是指以满足、快乐为基础的心理体验。

客户的满意度是客户体验的最低标准。

我们经常用下列公式表达客户的满意度：

客户的满意度 = 服务（产品等）- 客户的期望值

如上述结果是正值，则表示服务或产品超越了客户的期望，此时客户的满意度就高，对方就会产生积极的体验；反之，就没有达到客户的期望值，客户的满意度就低，就会造成客户的负面体验，这种体验一般是失望、挫折感或是沮丧等。

当客户期待等待 20 分钟就能够完成业务办理时，如果大堂经理在分流的过程中，发现客户的业务在自助设备上就可以办理，结果客户的业务 2 分钟就办完了。此时，客户的满意度就会很高，客户自然会产生满足、快乐甚至是愉悦的体验；反之，则会产生不满、烦躁的情绪体验。

二、如何形成良性的客户体验

如何形成良性的客户体验？如何理解和操作它？

笔者认为产生良好的客户体验，主要取决于我们是否尊重客户。

尊重是银行服务过程中最重要的准则。但是，由于我们提供的服务是有限的，所以，不可能做到百分之百地满足客户，这是一个比较矛盾的问题。

许多在柜面工作的员工很巧妙地处理了这一矛盾。

案　例

一位客户在办理业务时，柜面工作人员请其出示身份证件，客户对出示证件非常反感。柜面工作人员说道："先生，我非常理解您，出示身份证确实给您带来了麻烦。可是，出示身份证是为了保证您的资金安全。麻烦您了，请配合一下好吧？"客户听到工作人员的解释，心情放松了下来，他一边将身份证交给工作人员，一边说道："原来是这么回事，怎么不早说呀。对不起啊！"

工作人员处理这一问题的关键是尊重客户，是从客户的角度出发处理问题。

尊重包括关注、理解、认可三个层面，这是一个递进的心理层次。

关注是对客户的选择。在银行工作中，如果一位客户没有被选择，那么，他会产生强烈的失落感。

理解是对客户发出的信息的接收和领悟。

认可则是对客户的观点等的认同。

在上述案例中，柜面工作人员之所以比较巧妙地解决了客户的问题，是因为他抓住了解决问题的核心——尊重客户。

1. 关注就是专注和关切

在与客户交流的过程中，要让客户感到：他是唯一的，我们是专门为他服务的。做到了这一点，客户就能感到自己受到了尊重，其自尊心也就得到了满足。

关切则是一种情感的沟通过程，一般表现为对客户及其业务的关怀。关切要比专注更近一层，客户也会比较敏感地体验到这种关怀。

比如：当大堂经理协助客户填单时，亲切地询问道："先生，需要花镜吗？"客户会很快体验到关怀及其中的情感。

面对银行员工的关怀，客户一般会给予情感的回报。比如：我们会看到他们的笑脸，他们会努力配合我们的工作等。

达到专注和关切这一层面的服务，需要一定的情感投入。

2. 理解就是要有同理心

理解，首先要做到理解客户的问题，同时用语言表达出来，即便客户讲了，也要复述一遍。理解的第二个层面是要理解客户面临问题时的感受，并表达出自己的理解甚至表达出这种感受。这样做，会使客户产生获得知己的感觉。理解的第三个层面是在不违反原则的前提下，为客户提出建设性的建议或解决问题的方案。

3. 认可就是友好和关爱

友好和关爱是一种情感，这种情感往往产生于熟悉的基础之上。但是，一旦客户产生相应的情感反应，就会产生很强的忠诚度并具有专一性。

案　例

在某银行网点，一位客户走进门来，他看着6号窗口问大堂经理："6号柜面的小张怎么没在呢？"大堂经理回答道："抱歉！他今天倒休了。有什么可以帮到您的吗？"客户追问道："那他明天上班吗？"看来，这位客户办理业务非小张不可了。

三、客户体验的最高层次

即使我们将客户的满意度提高到了100%（现实中永远达不到），对方也未必一定是我们的忠诚客户。因为研究表明，客户满意仅仅是持久客户关系的基础。所以，银行发展，仅仅有满意度是远远不够的。目前，客户满意度已不再是一种竞争优势，竞争优势来自客户的忠诚度。

那么，忠诚客户的形成原因在哪里？

回答是：随着社会的发展，客户的心理需求超过了物质的需求，他们自我尊重的需求越来越强烈，他们对安全感与情感寄托等的需求在不断增强。

这些原因分析给我们指明了努力的方向——为客户制造惊喜。

我们经常将客户体验分为四个层次：满足、快乐、愉悦、惊喜。

惊喜情绪是客户体验的最高层次。

1.“惊喜”的含义

服务中的惊喜之所以称为“惊喜”，是因为它是客户难以预见的。

在美国的花旗银行发生了这样一个故事。

案　例

一名客户面对柜面人员说道：“把这张钱帮我换成崭新的。”

柜面工作人员笑着说道：“好的，请稍等。”但是，他找了很久也没有找到客户满意的钱币。

客户看着他失望地说道：“我换钱是要送人的，送人必须用新的，是这样吧？”

柜面工作人员理解地说道：“先生，您说的对，请再等一下，我来想办法。”工作人员离开了座位。

过了一会儿，工作人员手中捧着一个漂亮的礼盒来到客户面前笑着说：“先生，问题解决了，送人要有礼盒是吧，这个礼盒里放着换好的钱币，请您收好。”

礼盒的出现是客户难以预见的，相信，客户看到礼盒时，其体验一定是惊喜的、幸福的。

在日常生活中，当父母为儿女送生日礼物时，不同的做法也会给孩子带来不同的体验。

比如：在送孩子生日礼物时，我们可以将礼物直接递到孩子手中。还可以尝试另一种做法，首先让孩子闭上双眼，再让孩子将双手打开，之后将礼物放到孩子手中，最后通过倒计数的方式，要求孩子听到数字“1”后才能睁开眼睛分享礼物。

我们认为选择第二种做法的是智慧的父母，因为，他们清楚怎样做能让孩子在生日的这一天感受到最大的幸福。

其实，这种做法还有另一个好处：在过去若干年之后，当询问孩子“你对哪一次生日印象最深”时，相信孩子的回答会是闭上双眼，接受礼物的那一次。因为，惊喜的体验已经让孩子对这一年的生日铭刻在心，这种铭刻可能会让孩子忘记了其他生日的情景。

如果是这样，我们似乎找到了使客户忠诚于我们的好方法，那就是给客户带来惊喜。

惊喜的体验可以使客户将我们铭刻在心，当他们对银行有需要时，我们能出现在他们的脑海中，甚至是在第一时间出现。

2.“惊喜”需要适度

当客户经理面对某大客户的生日，在对方不知情的情况下，送上一捧鲜花可以给对方带来惊喜。这种做法比较适合女性客户。

当柜面工作人员发现客户在回单上签的字很工整，如果能适时地赞赏对方“您的字写得很好！”这意味着工作人员很关注这位客户。但如果对签字这一话题进行过多的渲染，就容易使客户感觉不大自在。

当大堂经理与一名VIP客户交往，使用的辞藻过于华丽时，客户往往会产生一种亏欠感。

总之，给客户一个惊喜的目的是创造一种出乎意料的、不可预期的美好服务体验。

3.“惊喜”需要创造

我们发现，第二次来到我们面前办理业务的客户，当听到我们“阿姨，您今天有时间过来了”时，对方会产生惊喜的体验。但，当客户第三次到来时，这样的称呼与问候已很难给客户带来惊喜，如果期待客户惊喜体验的再次出现，就必须通过分析给出新的使客户产生惊喜体验的做法。所以，追求客户体验的最高层次“惊喜”的体验，将促进银行工作的发展，使我们的工作永远具有创造性。

作　业

1.请谈一谈对“理解就是要有同理心”的理解。

2.为什么满意度高的客户不一定是忠诚客户？

第二章

关注客户体验的呈现

在上一章中，我们分享了服务的理念。在这一章中，我们将重点分享如何将服务理念转化为行动，也就是寻找关注客户体验的呈现方式。

第一节 礼仪是客户体验的抓手

将礼仪作为客户体验的抓手，意为客户体验应从礼仪文化抓起。

一、礼仪是客户体验的抓手

在分享礼仪是客户体验的抓手之前，我们先分享一下服务的类别有哪些。

首先，服务有三种类别，它们分别是机能性服务、情绪性服务以及复合性服务。

1. 机能性服务

在营业网点中，哪些服务属于机能性服务呢？

大家会回答："当客户面对自助设备办理业务时，这种服务就叫做机能性服务。"

是的，机能性服务发生于人和物之间。

2. 情绪性服务

什么是情绪性服务呢？情绪性服务发生在人与人交往的过程中。

当柜面工作人员按下叫号器的那一刻，客户就会迅速地寻找我们，当客户锁定目标方向时，一个情绪性服务的序幕就拉开了。

如果我们面带笑容恭候客户，客户所体验到的一定是快乐。

迎接客户的过程中，需要举手招迎，当我们规范地举起手，并温馨地凝视客户时，客户的内心一定是十分满足的。

在办理业务过程中，当请客户在回单上签字时，我们的做法不单纯是发出指令“请在回单上签字”，同时还能够将手指向签字的位置的话，那么，客户就能轻松地签上自己的名字，而不会出现紧张地寻找签字位置的状况。

如果客户的业务办理完毕，我们用升调的方式与客户道别“今天雨大路滑，请慢走”，会使客户内心产生愉悦的感觉。

在与客户交流的过程中，我们的语言、动作、表情等直接影响着客户的体验是积极的还是消极的。

在一次“大堂经理综合技能提升”课程进行前的调研中，我发现了一个文本性案例，案例的内容是一位大堂经理对自己工作中出现困惑的描述，题目是“我招谁惹谁了？？？？”，题目中的一串问号让我感到，尽管这件事已成为过去，可这位大堂经理还没有释怀。他写道：

案　例

一天，一名女客户来办理业务，在等待四十多分钟后，在网点开始大喊大叫。

我很快来到她的面前，首先向她道歉，告诉她由于一名储蓄柜员病了，今天少开了一个窗口，等待时间会长些。

她非常不满地嚷道：“你们对外窗口有9个，为什么不都接柜？我有急事要办！”

我回答道：“我们的会计人员分为前台临柜人员和后台账务人员，后台账务人员不能接柜，您看到的……”

她打断我的话喊道：“我不管，这是你们银行自己的事情！”

我又说道：“我们为了不让客户等待时间长，很多柜员连中午饭都没去吃，请你理解一下。”

客户不讲理地说道：“我也没吃饭呢！”

我非常无奈地说道：“您要这么说，我真没法与您沟通了。”

当天下午，我接到客户服务中心的投诉单，客户投诉我不耐心解答问题，还说我的态度极其恶劣。

我认为这是一个很具典型性和代表性的案例。所以，我和大堂经理在培训中对其进行了分享。

首先，将这一案例呈现在大家面前，并提出了如下问题：

造成投诉的原因是什么？

解决问题的正确做法是什么？

在案例分享的过程中，大堂经理们纷纷说道：“造成投诉的原因是没有站在客户的角度思考问题。”

“客户等了四十多分钟，应该向对方道歉，不应该找客观原因。”

“客户这么着急，应该首先询问对方要办理什么业务。”

“……”

在分享解决此问题的角色扮演中，大堂经理们通过对话的方式，给出了下列解决问题的方法。

案　例

客户愤怒地喊道：“我都等了40多分钟了，还没有叫到我，你们办理业务的速度怎么这么慢呀！”

大堂经理认真、和蔼地说道：“非常抱歉！让您等了这么长时间。请问您要办理什么业务？”

客户说道：“我的一个同事住院了，我来帮他办理解挂手续。”

大堂经理安慰道：“我明白了，遇到这种事情谁都会着急的。只是解挂手续是需要本人亲自来办理的。”

客户批评大堂经理道：“你还有没有丁点同情心啊！我刚才说过了，他住院了，他所有的钱都在这张卡上，现在急着交住院押金呢……”

大堂经理继续安慰对方道：“我非常理解您的心情，请放心，问题一定能得到解决的。请给我几分钟时间，我去安排一位员工随您到医院，请您的同事办理签字手续，您看可以吗？”

客户嗓门小了下来，说道：“这还差不多，你得抓紧啊。”

在角色扮演中，由于大堂经理是从客户的角度解决问题的，所以，他的态度是积极的，语言也是积极的。积极的态度及语言，不但使客户的体验由愤怒逐渐转为比较平和，还使问题得到了比较好的解决。

3. 复合性服务

银行服务属于复合性服务。因为，银行既存在机能性服务，又存在情绪性服务。机能性服务很难获得服务的好评，服务的好评主要来自于情绪性服务。情绪性服务会创造客户的新需求，新需求又造就了回头客。

在认真分析了服务类别之后，我们的眼前突然亮了起来。因为，我们发现情绪性服务给客户带来良好体验的行为策略来自于礼仪文化。所以，我们应该将或必须将礼仪文化贯穿于服务的始终，将礼仪文化作为客户体验的抓手。

二、礼仪的核心内容是尊重

在银行工作中，大堂经理、柜面工作人员以及客户经理学习礼仪、实践礼仪，因礼仪而使客户乐于接受自己，因礼仪而为客户营造了良好的体验，这都来自大家对礼仪的内涵是尊重的深刻理解。

1. 大堂经理懂得尊重客户

当大堂经理协助客户在自助设备上办理业务时，他们会有意识地在客户输入密码时转过身去，这是对客户隐私的一种尊重，客户因得到尊重而产生良好体验。

案　例

一位大堂经理在工作中，发现一名客户在点钞时不小心将纸币掉在了地上。客户慌慌张张地蹲在地上将纸币一张张地捡起来。

大堂经理马上走来说道："大爷，您别着急，营业厅里装有很多探头。"

大爷听后，一边答谢大堂经理，一边放慢了手脚。相信，这是因为他的心情放松了下来。

我们会说，大堂经理的做法是智慧的，他的话不但能使这位客户轻松起来，还能够对周围的人起到警示作用。

2. 柜面工作人员懂得尊重客户

案 例

一位柜面工作人员在办理业务的过程中，被客户批评道："怎么那么慢呀！新来的吧？"

柜面工作人员笑着说道："阿姨，您看得真准，是新来的，耽误您时间了。"

客户继续说道："那是！我的眼睛就是准。"

柜面工作人员笑着继续说道："阿姨，这说明您很有经验。"

客户也笑了，说道："人不大，还挺会说话。"

柜面工作人员又说道："阿姨，谢谢您！您的业务办好了，您还有其他业务要办吗？"

客户回答着"没有了"，并安慰工作人员："我下次再来时，你肯定就熟悉了。"

客户带着良好的体验离开了银行。

这位工作人员尊重客户的批评，并使用"您看得真准"、"这说明您很有经验"等认同客户的语言，使客户的负面体验逐渐转为积极体验。

3. 客户经理懂得尊重客户

2003 年，在某银行客户经理的"商务礼仪"培训课堂上，笔者分享了一位重视礼仪、懂得尊重的客户经理的成功经验。

案 例

我去拜见一家五星级酒店的财务总监，目的是向他推销 POS 机。

那一天气温很高，让我很难穿着西服前往。但是，为了表达对这次拜访的重视，我带着西服上路了。

来到酒店，我先到盥洗室将西服换上，整理了一下头发，将皮鞋擦干净。之后，我来到财务总监的办公室门前，用规范的敲门动作叩开了对方的房门。

进门后，我站在对方面前开始做自我介绍，我说道："× 总监，您好！我就是昨天曾……"

我没有将自我介绍做完就停了下来，因为，这位总监一直低着头忙自己的

事情。

我想，如果今天的拜访是这样开始，那结果会很糟糕。

经过几秒钟的思考，我改变了话题，我说道："× 总监，您能给我拜访您的机会，这让我很开心。今天，我不但带来了新的产品，还想借这个机会当面答谢您。"

财务总监听到我要当面答谢，很快抬起头看着我，我明白他这一刻内心的想法是：你要谢我什么？马上说给我听呀！

我说道："咱酒店附近的小区里住着很多银行的员工，每当员工家里来了客人或是过年过节时，他们会来到酒店就餐。这么多年了，酒店为员工们带来了很多方便和快乐……"

我的话还没有说完，× 总监就站了起来，他快步来到我的面前，拉着我的手说道："见外了不是，要说谢更应该谢你们才是呀，如果酒店没有用餐的人了，那我们就倒闭了，对吧。"他一直拉着我的手，很久没有松开。

我接过总监的话继续说道："有一个事情您不十分清楚，是因为没有人告诉您。银行很多员工的记性不十分好，他们来就餐时经常忘记带现金。"

听到这里，× 总监突然收起了笑容，他紧锁眉头思考片刻说道："这确实是个问题，我来问你，你何时能给我们酒店安装 POS 机？"

一个销售在几分钟内就完成了，这确实是一次让人不得不"叫好"的成功营销过程。

在反思这一成功案例时，我们看到，这位客户经理很懂得客户体验与营销成功的关系。当他看到对方比较淡漠的态度时，很快将话题转移到对方感兴趣的内容"答谢对方"上，因为，多数人都期待自己有恩于他人。客户经理的答谢给了对方及酒店价值的肯定和尊重，在这种快乐信息的传递中，客户经理为财务总监营造了良好的体验，这种良好体验使营销变得轻而易举。

十几年前，各银行就已经将礼仪作为银行服务的标准。社会发展到了今天，礼仪文化将为银行服务的关注客户体验，带来行为层面以及思想层面更有力的支持。

作 业

1.在以往的服务过程中，你的哪些做法让客户体验到了快乐的情绪？哪些做法是容易让客户体验到负面情绪的？请通过思考，找到避免客户出现负面情绪的做法。

2.请举例说明礼仪文化的核心内容是尊重。

3.你是怎样理解“礼仪是客户体验的抓手”的？

第二节

实践礼仪贵在灵活运用

案　例

一位在大堂引导员岗位实习的员工，在网点领导的办公室里边伤心地擦拭眼泪边委屈地说道：“这怎么能赖我呀，昨天，这位老奶奶在离开营业厅时，我认真地叮嘱了她两遍，请她再次来办理这项业务时一定要带上身份证。结果，今天她不但没有带着身份证来办理业务，还批评我没有提前提醒她。您说我有什么错呀，我提醒她两遍呢。”

说到这里，这位员工哭得更伤心了。

领导安慰着这名员工，并问道：“昨天你提醒了对方两遍，说明你很负责任，这样做很好。”

员工的心情好了很多，他说道：“谢谢您！我就是看她年龄大了，担心她没有听清楚，才多次提醒她。”

领导说道：“我清楚你为什么要多次提醒对方，我想问的是，当你两次提醒时，这位老奶奶的反应是什么？”

“她没有做出什么反应。”员工说道。

“银行工作会面对很多不同的客户，今天你所面对的客户就很有特殊性，她年龄大了，可能听力比较差，甚至头脑的反应也比较迟钝。如果在提醒对方时，能够做到确认对方已经理解了自己的意思，今天的事情就可以避免，你说呢？”

员工听到领导这样的分析，点着头说道：“我明白了，今后，我会面对不同的客户，力争将服务做好。”

银行服务工作的开展，必须遵守相应的服务礼仪规范以及服务程序。但是，在执行礼仪规范和服务程序的过程中，必须要考虑到，这些规范和程序是面对活生生的、具有不同需求以及不同个性特征的客户的。如果只强调规范和程序，不考虑面对的是什么样的客户，就无法满足对方的需求，无法使对方体验到好的情绪，更无法使对方认可我们的服务。

所以，在实践银行服务礼仪规范以及程序的过程中，要根据客户的不同需求给出具有个性化的服务，也就是实践礼仪贵在灵活运用。

这种灵活运用不单要考虑面对什么样的客户，还要考虑面对什么样的问题以及是在何种场合与客户进行交流。

一、根据客户、问题、场合的不同灵活运用礼仪

1. 根据客户的不同灵活运用礼仪

从到银行办理业务的客户类型上，常将客户分为情绪型和理智型两类。

比较有经验的大堂经理，面对客户投诉时，他们会视客户类型的不同给出不同的解决方法。

对于情绪型客户的投诉，大堂经理的第一反应是请客户暂时离开大堂，这样做的目的是避免引起工作秩序的混乱。因为，情绪型客户在遇到不愉快的事情时，往往会选择比较大的声音宣泄自己的不满。

而大堂经理很少请理智型的客户暂时离开大堂，因为，大堂经理很清楚，理智型客户担心自己的行为引起他人的注意，从而影响自己的形象。所以，大堂经理会选择倾听客户的意见，将意见记录下来，并承诺客户在多长时间内给出解决问题的方法来解决问题。

柜面工作人员面对不同客户时，也要灵活运用礼仪。

一位柜面工作人员在谈到如何灵活运用礼仪时说道：

案　例

8 年前的一天，一位老人急匆匆地来到我的窗口说道："取钱。"

我面带真诚的微笑询问道："好的，您要取多少呢？"

"× 万！"客户急切地回答道。

我想："这么大一笔钱，万一在路上遇到不测，这实在是不太安全。老人为什么不让儿女来取呢？"

业务办完后，我叫了一个保安一直把老人送上车。临走前我留了个电话号码给对方并叮嘱道："这是我的电话。如果您需要什么帮助的话，可以随时打电话找我。"

之后我了解到老人的儿女都出国了，这笔钱她是用来买房子的。

过了两个星期，老人通过电话联系到我，告诉我她存在其他银行的一笔钱已到期，希望我们能派一名员工陪她去取钱。

结果，在银行员工的陪伴下，老人顺利取了 ×× 万元现金。

让我没有想到的是，老人将从他行取出的现金存入我所在的银行，并在我的介绍下又购买了 × 万元基金。

之后，不论我转到哪一个网点，老人都一直追随着我，她还成了我行的 VIP 客户。

至今，8 年时间过去了，老人与我仍保持着联络。

事后，在与老人的闲聊中我得知，她跟随我这么多年，是因为从第一次跨入我行起就感受到了我的真诚和热情，以及为她的资金安全所提供的保护。

2. 根据问题的不同灵活运用礼仪

在完成银行员工服务礼仪培训的过程中，我们始终将在工作中灵活运用礼仪作为课程的主导思想。

比如：在与学员分享适宜客户的语速标准时，我们不但要进行语速的训练，还要分析面对前来挂失的客户，其语速应该怎样进行调整；当和年轻人进行交流时，其语速应该怎样调整；而当与客户就一个比较专业的问题做解答时，语速应该怎样进行调整。

又比如：很多客户经理外出办理业务时，会在叩开被拜访者的房门进行自我介绍之前，做出是进行自我介绍还是暂时退出房门的决定。当然，做出暂时退出房门的决定，一定是客户经理发现被拜访者在那一刻是不便接待自己的。

一位柜面人员是这样灵活运用礼仪的。她讲道：

案 例

2011年5月的一天，一位阿伯打算到某银行提取公积金。但到银行后发现排队的人很多，所以，他来到我所在的银行。

我微笑着跟阿伯一边聊天一边办完了业务，阿伯非常开心。

之后，他又介绍自己的女儿也到我行提取公积金。可是，阿伯办理的是自动转存业务，资金到账会比较及时。而他女儿办理的业务，则需要等待半年时间才能到账。

我耐心地向阿伯的女儿做了解释，对方在表示理解后离开了银行。

2011年的11月，阿伯女儿的这笔钱可以转账了。我提前两天给对方打了电话，告诉她过两天资金就会打入她的账户，请她注意查收。

阿伯的女儿听到电话后特别激动，连连道谢说："没想到过了这么久你还记得此事，真的是太感谢你了。"

结果，3天之后，我查询到系统显示账务冲账，就主动跟公积金中心联系，才知道对方提供的账号与主账号关联有问题，造成了无法入账。

于是，我又主动打电话，建议对方换了一个新的存折号码。

结果，第二天资金就入账了。

这件事情之后，阿伯的女儿及其家人将资金基本都转到了我所在的网点。而且，每次来办业务，凡是碰到我时都会很热情地打招呼。

3. 根据场合的不同灵活运用礼仪

案 例

一次，笔者前去拜访一位在某银行工作的客户经理。

见到这位客户经理内穿一件淡粉色衬衣，我便夸赞道："这件衬衣的颜色很漂亮。"

客户经理回答道："今天下午我要去拜访一位客户，他是一位很有服饰修养的人。而且，我们约好到茶馆坐一坐。”

我们清楚，茶馆是典型的休闲场合。所以，这位客户经理有意识地通过衬衣的选择，使自己和这一场合相和谐，这是美的。

更为可贵的是，这位客户经理还考虑到自己约请的人是有审美层次的人。他的这种想法和做法，一定会拉近与客户的距离。

大堂经理和柜面工作人员，每天所面对的基本是正式场合。所以，要约束自己的行为，要保证自己的行为是规范的。

比如：男士客户经理在与客户交流时，如果穿的是单排扣、三粒扣子的西装，在落座时，是可以将扣子全部解开的。但是，男士柜面工作人员以及大堂经理这样做，就会使客户觉得比较随便，这与场合不同直接相关。

又比如：落座的姿态有很多，我们所熟悉的正坐式坐姿和叠坐式坐姿，前者适宜于办公场合，后者则适宜于社交或休闲场合。

再比如：面对称谓，在工作场合要称呼他人的职衔、学衔或礼仪式称谓。但是，在社交与休闲场合，在对方乐于接受的前提下，我们可以称呼对方的昵称。而且，在这种场合，这样的称呼会使对方感到很亲切。

二、灵活运用礼仪的根本是什么

毋庸置疑，灵活运用礼仪的根本是意识问题。

1. 感受不到尊重的“礼仪”不是礼仪

在客户面前呈现各种行为时，只有使对方得到了尊重的体验，才达到了礼仪之意。

相信，多数前来挂失的客户看到工作人员的笑脸时，都会很不舒服。因为，这不是感同身受的表现。

所以，我们必须思考客户想要的是什么。

2. 要善于观察客户的需求

一位大堂经理认为，大堂管理要有“客户动线”的工作意识。

客户动线，即从客户进入银行直至办理好业务离开，客户始终在一条有规律的线路上。而且，这条线是动态的。

所谓的动线，从服务意识来讲，是让客户始终在我们的视线中。这样，就能及时观察到客户的即刻需求，进而比较好地解决客户的问题。

3. 要做出合理的判断

当客户经理向客户介绍了一种理财产品后，客户说："我不会选择这种理财产品，但，其原因并不是我的资金有问题。"

听到客户这样说，客户经理突然想到，这位客户在不久前曾提到，家里的老人因生病住院花掉了一大笔钱。所以，他判断这位客户的话外之音是"资金比较紧张"。所以，他很快为对方介绍了比较适宜的产品，使客户满意而归。

4. 要给出切实可行的解决方案

观察、判断客户需求的最终目的，是为了解决客户的问题。

一位大堂经理发现由于境外汇款业务单据的填写比较复杂，所以，客户在填单时经常会出现错误。

为了解决这一问题，他设计了电脑填单模板，有了这一模板，客户只要一次填单，大堂经理就会将相关信息储存在电脑中。当客户再次来办理业务时，只要打个电话，他就会提前将单据打印出来。

这位大堂经理说道："客户会因这小小的变化而感到我们的服务很灵活，很贴心，客户甚至还会体验到惊喜。关注客户多一点，为客户多想一想办法，就能让其感受到我们的用心，就能得到客户的心，就能得到一位忠诚客户。"

作 业

1. 你是怎样理解"银行服务贵在灵活"的？

2. 请回忆自己比较成功的灵活运用服务礼仪的案例，并对案例进行分析。

3. 每当认购国债时，银行网点常因额度有限而无法满足所有客户的需求，进而发生摩擦和矛盾。请根据这一节的学习，制定出切实可行的预防摩擦和矛盾发生的预案。

上篇

银行通用礼仪

在银行通用礼仪这一篇章中，我们将与大家分享柜面人员、大堂经理、客户经理等在工作中所应遵守的礼仪。这些内容包括仪态礼仪、仪容礼仪、服饰礼仪以及语言礼仪四方面内容。

第一章

仪态礼仪

仪态是指在与客户的交往中，自己身体各部位所呈现出的姿态。比如面部表情、站立姿态、行走姿态、手势姿态等。

列奥纳多·达·芬奇是意大利文艺复兴时期的三杰之一，也是整个欧洲文艺复兴时期最完美的代表。他热衷于艺术创作和理论研究，并潜心研究如何用线条与立体造型去表现形体的各种问题。他对于仪态的理解是："从仪态来了解人的内心世界，把握人的本来面目，往往有相当的准确性与可靠性。"

所以，作为银行工作人员，学习、实践仪态礼仪往往具有双重意义。

第一，通过规范的仪态表达自己对客户的良好态度，进而得到客户的支持和认同。

第二，通过观察客户的身体姿态，判断客户的心理过程及需求，为客户做好服务工作。

在这一章中，将重点为大家带来规范的仪态是什么以及怎样灵活使用它们。

第一节

重要的“73855”定律

“73855”定律，大家一定对这组数字很感兴趣。那么，这组数字表达的是什么意思呢？

西方学者通过调查研究发现，人类情感的表达来自7%的语言，38%的声音，55%的肢体语言以及服饰打扮等。

所以，这一组数据所表达的是人与人交往中决定成败的三个重要因素，以及三个因素的重要程度。

面对“73855”这一定律我们发现，肢体语言、服饰打扮在人际交往中很重要，如果不引起重视，面临的必将是失败。

那么，为什么肢体语言、服饰打扮在人际交往中这么重要呢？下面，我们将与大家重点分享肢体语言的重要性。

一、客户更加相信看到了什么

目前，很多银行要求柜面工作人员使用“举手招迎”的方式迎接客户的到来。这是一种关注客户的、人性化服务的良好行为。

原因是，当柜面工作人员按完叫号器，举起自己的手完成“举手招迎”后，这一动作将伴随着他们专注的眼神、热情的笑脸直至客户到来。

那么，在这一过程中客户体验到了什么？

当客户看到工作人员定格“举手招迎”这一动作，直至自己到来时，他们

会感到这是一份对自己的专注，甚至他们还会感到很荣耀。

当银行的营业厅面积比较大、窗口比较多时，“举手招迎”还会起到帮助客户找到目标、减少困惑的作用（图 1）。所以，客户会因这一人性化的动作感到快乐。

图 1

至此，我们承诺客户的为其提供好的服务的思想，变成了一种行为，这种行为使客户相信我们是真诚的。因为，所有客户都相信“眼见为实、耳听为虚”的道理。

客户经理在上门拜访时，会在叩门环节考虑到客户的体验。

案　例

第一，叩门时不要惊吓到客户。其做法是：叩门要做到一轻两重。所谓的一轻，指的是第一声要轻，因为，当房间里的人聚精会神时，一个很小的声音也可能会惊吓到对方。而之后的两次叩门声可以略大一些(图 2)。

图 2

第二，当一次叩门后，没有听到房间内传出“请进”的声音时，要在 3 秒左右后再继续叩门，以避免对方产生被催促的负面情绪。

当然，大堂经理也非常重视自己让客户看到了什么。

比如：大堂经理在开门迎客环节，会选择规范的站姿，灿烂的笑容，30°的致意礼等肢体动作表达对客户的尊重。当然，客户也会很快在大堂经理的这一系列肢体动作中收获美好的心情。

二、肢体语言具有很好的直观性

大堂经理在解答客户咨询时，会选择上体略前倾的前搭手站姿。他们在向客户介绍银行利率时，在引领客户走向自助终端时，会将自己的手指向相应的方向（图 3）。

这种身体姿态及手势，不但直观地表达了大堂经理对客户的重视，还可以起到帮助客户回忆相关内容的作用。因为，当人们回忆任何过程及内容时，首先出现在脑海中的并非是过程及内容本身，而是与其交往的这一个体。所以，我们的身体姿态为客户提供了回忆的线索。

图 3

另外，客户的肢体语言还能比较直观地为我们提供服务的机会。

一位客户在等待办理业务的过程中，突然东张西望起来，大堂经理能迅速

地捕捉到这一信息，并快速地来到客户面前，为其提供帮助。

再有，柜面工作人员在与客户交流时，也会根据客户的肢体语言判断出客户的需求。比如：一位客户在输入密码时，两次出现了错误。柜面工作人员出于对客户负责任，马上提醒道："如果第三次输入的密码还是有误，您的卡将会自动上锁，您就只能……"

说到这里，柜面工作人员发现这位客户紧缩眉头，表情紧张起来。

他马上意识到，这种交流方式如果继续下去，不但无法帮助客户，还会使对方情绪更加紧张。

所以，柜面人员很快改变了自己的语言方式，他笑着说道："这是您自己的卡，您一定能想起正确的密码是什么，请不要着急。"

客户听到柜面人员的提醒和安慰后，心情平静下来，比较顺利地办理了业务。

三、肢体语言具有很强的感染力

案 例

一对上了年纪的夫妇到银行办理业务，当柜面工作人员复印对方出示的身份证时，其中一位老人由于不清楚为什么要复印证件而与工作人员发生了争执。

老人说道："身份证是我的，是隐私，你们没有权力复印它！"

柜面工作人员耐心地说道："复印您的身份证是为了……"

老人生气地回应道："别跟我说得这么好听，我这么大年纪了，你们到底要干什么我还不清楚呀。"

柜面工作人员站了起来，面带微笑继续耐心地向老人解释着。

此时，这对老夫妻中的另一位老人向柜面工作人员解释道："姑娘，你不用搭理他，刚才在来的路上我们俩拌嘴来着，他这是还在生我的气呢，你去复印身份证吧，我说话算数。"

相信，这位老人是被工作人员的良好态度所感染，而这种良好态度来自于工作人员的做法，其中就有他积极的肢体动作。

四、肢体语言可很好地化解矛盾

案 例

销售国债时，客户比较容易与银行产生矛盾和摩擦，甚至还会引起网点秩序的混乱以及客户的投诉。

某银行一家网点的大堂经理，在销售国债的这一天，早早来到工作岗位做准备。

在距离银行开门前的10分钟，他打开营业厅的大门，来到等待的客户面前说道："大家辛苦了，请向我这里聚拢一下好吗？"

听到大堂经理的话，客户很快聚了过来。

大堂经理说道："今天，咱们网点国债的配额是××万元，我想，大家排了这么长时间的队，谁都不想空着手回去，对吧？"

听到大堂经理这样问，客户纷纷表示赞同。

大堂经理继续说道："大家不想空手而归的做法是平均每人认购×万元，如果大家同意这个建议，就马上将手举起来好吗。"

这时，等待的客户有90%的人都举起了手。

结果，认购国债的过程中没有发生任何矛盾，网点大厅里井然有序。

在国债认购结束后，一位没有买到国债的客户找到大堂经理说道："尽管我白来了一趟，但我也没有什么不高兴的。这是因为你对认购国债这件事这么负责任，我很佩服你。"

在这一成功案例中，大堂经理通过请大家举手表决的方式，统一了客户的意见，避免了矛盾的发生。

其实，这不是一次简单的举手，它表现了这位大堂经理的智慧以及认真负责的态度。

五、肢体语言发挥着意想不到的作用

案 例

法国作家安东尼·圣艾修伯里在《微笑》一书中写道：

一想到自己明天就没命了，不禁陷入极端的惶恐。

我翻遍了口袋，终于找到一支没被他们搜走的香烟，但我的手紧张得不停发抖，连将烟送进嘴里都成问题，而我的火柴也在搜身时被拿走了。我透过铁栏望着外面的警卫，他并没有注意到我在看他，我叫了他一声："能跟你借个火吗？"

他转过头望着我，耸了耸肩，然后走了过来，并点燃我的香烟。

当他帮我点烟时，他的目光无意中与我的目光接触，这时我突然朝着他微笑了起来。我不知道自己为何有这般反应，也许是过于紧张，或者是当你如此靠近另一个人，你很难不对他微笑。不管是何理由，我对他笑了。

就在这一刹那，这抹微笑如同火花般打破了我们心灵间的隔阂。他的嘴角不自觉地也现出了笑容，虽然我知道他原无此意。他点完火后并没立刻离开，两眼盯着我，脸上仍带着微笑。

我也继续以笑容回应他，仿佛他是个朋友，而不是个守着我的警卫。

此时，他的眼神也少了当初的那股凶气，他问我道："你有小孩吗？"

"有，你看。"我拿出了皮夹，手忙脚乱地翻出了我的全家福照片。

他也掏出了照片，并且开始讲述他对家人的期望与计划。

这时我眼中充满了泪水，我说我害怕再也见不到家人，我害怕没有机会看着孩子长大。他听后也流下两行眼泪。

突然间，他二话不说地打开了牢门，悄悄地带我从后面的小路逃离了监狱。就在小镇的边上，他放了我，之后便转身往回走，不曾留下一句话。

一个微笑居然能救自己一条命。

所以，肢体语言在这一特殊情况下发挥了意想不到的作用。

一位客户经理对肢体语言能发挥意想不到的作用有深刻的体会。

案例

他说道："有一次，我在和客户针对产品进行交谈时发生了分歧，我们各执己见，互不相让，以至谁都说服不了谁。"

为了打破这一僵局，我下意识地起身，将座椅向前挪动了一点，之后，继续坐了下来。

没有想到的是，客户此时主动开口说道："× 经理，我已经感到了你的困难，这样吧，请给我一点时间，我去请示一下领导，看我们能不能做一些让步。"

最终，一个僵局被一个肢体动作化解了。

由上述五方面的分享我们体会到，在银行工作中肢体语言对工作推进的重要性。我们也由此深刻感到，在人类情感的表达因素中，肢体语言这一因素占有较大的比例。

作业

1. 在与客户的交流中，怎样才能做到根据客户的肢体语言及时发现客户的服务需求？

2. 请回答：在以往的工作中，什么样的肢体语言能为客户带来好的体验？

3. 请回答：哪些肢体语言是客户非常反感的？

第二节 用微笑影响客户

人的情绪是可以传递的。

案例

越南战争时期，在一次战斗中，正当双方士兵激战正酣时，突然，在双方指挥员均没有下达停火命令时，双方的士兵都齐刷刷地停止战斗了。

原来在战火纷纷的战场上，突然出现了几名挑着担子的越南和尚，他们若无其事地穿战场而过。

战士们看到这种情形，都一致认为不应该继续战斗下去，所以，他们自己给自己下了停火的命令。

银行员工深深懂得微笑在工作中对客户情绪的影响。所以，不论是大堂经理、柜面工作人员还是客户经理，他们都会适时地面带微笑与客户进行交流。

记得在 2003 年，一家股份制银行邀请我为其撰写《网点服务礼仪规范》的文本。

为了便于员工操作及考核，银行建议将所有的服务规范做到量化。所以，当时的文本中出现了柜面人员在为客户办理业务时，至少要有两三次笑容的规则。

在与银行员工进行课程交流时，我们还就怎样做到合理地使用两三次笑容进行了讨论。

很多员工认为，按了叫号器，迎接客户走来时一定要面带笑容。他们期待自己的笑容为客户带来好心情，以使后续的业务办理得到对方的配合与支持。

很多员工还认为，在业务办理结束送别客户时要面带微笑。因为，客户对业务结束送别时的情形印象很深。

自 2003 年至今，有关微笑的量化标准得到了许多银行以及培训中所有员工的积极响应。

客户之所以因为笑容而受到感染，是因为我们的笑容是真诚的。所以，笑容首先要发自内心。

一、眼神

眼睛能真实地反映出我们思想感情以及思维活动，客户会在一瞬间通过眼神判断我们对他的态度。

图 4

我们的眼神应该是坦然、和善、热情、乐观的（图 4），不应该是冷漠、傲慢、讥讽、紧张的。坦然、和善、热情、乐观的眼神来自内心，当对他人的友好发自内心时，才会有和善的眼神。

在与客户进行眼神交流时，要重视凝视的位置，合理地运用眼神。

1. 凝视的位置

凝视客户身体的不同位置，传达的信息会有很大差别。比如：当从头到脚打量对方时，会使其产生反感或是被侮辱的感觉。

面对不同的场合与对象，目光的凝视位置要有所不同。

（1）社交凝视。社交凝视区是指以对方双眉为底线，唇心为顶点的倒三角形的区域（图 5）。凝视这一区域，会给对方带来被尊重、很舒适的感觉。

社交凝视适宜于柜面人员、大堂经理、客户经理与客户的日常业务交流。

（2）公务凝视。公务凝视区是指以对方双眉为底线，额头为顶点的三角形区域（图 6）。凝视这一区域，会给对方带来严肃、认真的感觉。

公务凝视适宜于客户经理在谈判场合使用。

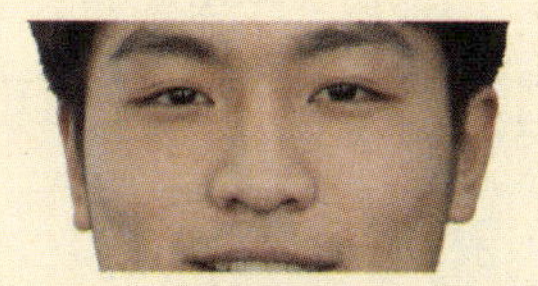

图5

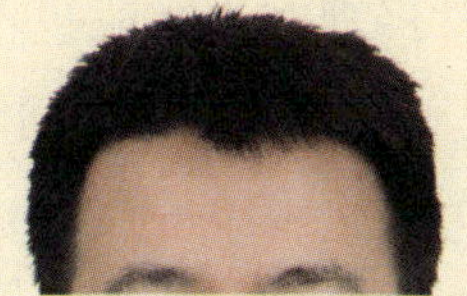

图6

2. 眼神的运用

（1）在与客户的交流中，如果始终凝视着对方，会给其带来紧张的感觉。而选择散点柔视的凝视方法会使对方感到很舒适。

散点柔视指的是在与对方交流的过程中，要适时地将自己的目光转移，可以转移到桌面上，手中的物品上，也可以是盲视。但是，移开的时间不要过长。

另外，在为客户办理业务的过程中，如果出现短暂的交流，要争取做到将目光转向对方。比如：大堂经理在与客户交流的过程中，经常会出现其他客户插话的情况，此时，大堂经理应答插话客户的问题时，要将目光转移到这位客户的面部。

又比如：柜面人员在办理业务的过程中，会经常发出“请输入您的密码”等信息，此时，也应将目光转向客户，而不应看着其他地方（图7）。

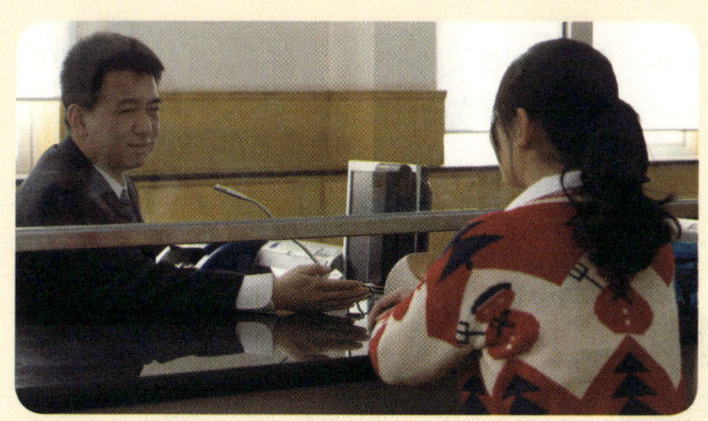

图7

（2）当与多人交流时，要用目光环视全场所有的人，以避免使部分人产生被冷落的感觉。

比如：当大堂经理为多名客户解答问题时，要有意识地环视在场的所有客户。

（3）当客户业务办理完毕，柜面人员在送客时，目光不要突然移开。可以在客户转身或是凝视客户2秒左右后再将目光移开。

大堂经理在送客时也不要将目光马上移开（图 8）。另外，一些客户在道别后走出一段距离时，会回头再次道别，如果在那一刻，大堂经理已经离开了，会给对方带来小小的遗憾。

图 8

二、表情

银行员工在工作中使用的表情大致有三种：温馨柔和的中国传统意义的笑容、灿烂美好的露出牙齿的笑容、严肃认真的表达专注的表情。

1. 常用表情

（1）温馨柔和的表情。温馨柔和的表情，其特征是不露出牙齿（图 9）。这种表情就像其名称一样，会给客户带来温馨柔和的美感。

图 9

（2）灿烂美好的表情。灿烂美好的表情，其特征是根据自己的脸型、嘴巴的大小露出 6～8 颗牙齿。（图 10）。这种表情可以使我们更快地与客户拉近距离。

（3）严肃认真的表情。严肃认真的表情，其特征是眼神及面部表情比较凝重（图 11）。

当客户遇到尴尬的事情以及困难时，选择严肃认真的表情，将给对方带来感同身受的感觉。

2. 表情的运用

（1）柜面人员表情的运用。基于柜面人员严谨

图 10

图 11

细致的工作的特殊性，通常情况下，接待每位客户要有两三次笑容交流。

首先，迎接客户到来是一个重要环节，应面带笑容。

第二，送别客户也是一个重要环节，应面带笑容。

还可以根据客户办理业务时的情绪，以及所面对的问题适时地露出笑容。

第三，当客户心情不好或是遇到困难时，要选择严肃认真的表情。

（2）大堂经理表情的运用。大堂经理应面带笑容迎送每一位客户。大堂经理在与客户交流的过程，应根据客户的情绪、所面对的问题等选择恰当的表情。

（3）客户经理表情的运用。客户经理与客户交流时，可以更多地选择面带笑容的交流方式。

3. 笑容的训练

（1）站在一面镜子前，全身放松，将头摆正。回想自己生活中愉快的事情，将愉快的心情通过面部表现出来（图 12）。

具体做法是：面部肌肉放松，不出声，不露齿或微露齿，嘴角微微上翘。

图 12

通过自我观察，找到自己笑得最灿烂时的感觉，并将这种感觉记在心里。

（2）面对镜子，口中发出“一”的声音，这时两颊的肌肉会自觉地向上抬起，嘴角也会向上翘起，就得到了微笑的表情。要用这种方法进行自我训练，关键是要自然，要发自内心，要无做作的感觉。

除此之外，还可以口中发出“cheese”的声音，同样可以得到上述训练效果。

进行上述训练时，最容易忽略的问题是眼睛与表情的不和谐。要学会用眼睛来笑，建议大家进行系列训练，用一本书遮住眼睛下面的部位，回忆使自己愉快的事情，将愉快的心情通过眼睛表现出来。这时，我们会在镜子中看到自己的笑肌抬升收缩，双眼随之呈现出笑意，直至面部肌肉放松后，目光还会是温和的。

（3）将自己生活与工作中美好的记忆储存在头脑中，需要微笑时，回忆这些美好的记忆，就能够使自己发自内心地绽放笑容。

自我训练要经常进行，以使自己能很自信地、恰如其分地把握好微笑。

作 业

1.请回忆一件能给自己带来美好体验的经历，并在工作中将这种体验通过微笑表达出来。

2.每天上班前，站在镜子面前找到自己最美的笑容，并将笑容带到工作之中。

第三节 站出谦恭的姿态

站姿是银行工作中的常用仪态。我们要掌握站姿的要领，杜绝不规范的站姿。

一、常用站姿

1. 标准站姿

标准站姿的要领包括以下 7 方面。

（1）将面部朝向正前方，下颌稍内收，目光平视，颈部挺直，面部肌肉放松。

（2）两肩向后展开，不得耸肩，保持放松。

（3）两臂自然下垂，双手中指分别放于裤缝或裙缝处，手指自然弯曲。

（4）收腹。做深呼吸，使腹部肌肉紧张起来。再轻轻将气体呼出，但是腹部肌肉不要松懈。

（5）立腰。通过参加体检度量身高时的感觉，来完成立腰的动作。

（6）提臀。由于遗传的原因，多数中国人腰长，臀部有些下垂。但是可以通过自我训练来延缓臀部由于地球引力、衰老、遗传等因素而下坠的趋势。这就要常常提醒自己“将臀部收紧”。

（7）双腿直立，将双腿膝盖及脚后跟并拢，脚尖打开成“V”字形（打开的角度以能容下自己的一个拳头为宜，图 13）。

按照以上要领站好后，从侧面看，头部、肩部、上体与下肢应该在一条垂线上。从正面看，应该是头正、肩平、收腹、身体直立。这样站立会给客户带来挺拔、稳重、美好的感觉。

要经常检查自己的站姿是否符合上述要领，及时纠正不良的姿态，将良好正确的站姿保持下去。

2. 前搭手式站姿

不论是男员工还是女员工，都可以将双手相叠后垂放于腹前。具体做法是，女员工要将双手四指并拢，右手在外，左手在内，将右手食指放于左手的手指跟处，并将拇指放于手心（图 14）。男员工要将右手半握拳，左手五指并拢并搭放于右手手背处（图 15）。

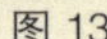

图 13

图 14

图 15

这种前搭手式站姿，能很好地体现谦恭和认真的员工形象。可以将这种站姿用于银行上班时夹道迎客的环节，还可以用于大堂经理和客户的交流之中。

3. 平行式站姿

男员工可以将双脚打开，打开的距离不要超过自己肩的宽度，再将双手相叠放于体后，同样要右手在外，左手在内。这种站姿可以用于大堂经理管理营业厅秩序的时候，这是给他人带来权威感的站姿。在与客户进行面对面地交流时要杜绝这种站姿。

女员工与男员工的平行式站姿略有不同，其不同处是要将双脚并拢。在与他人近距离交流时，女员工可以将双脚略微打开。

在与客户进行交流时，可以将上身略微前倾，这样做能给对方带来积极、亲切的情绪体验（图 16）。

图 16

二、要杜绝的站姿

错误的站姿，不但影响体态美观和身体健康，还会给客户留下比较消极的印象。

比如：将身体的侧面或背面朝向客户，会让对方感到不被重视和遭到冷落，并使对方的自尊心受到伤害。又比如：站立时，如果腿部在不停地抖动，这不但会使客户心烦意乱，还会给其留下缺乏教养的印象。要杜绝不良的站立习惯，尤其要避免以下 7 方面的问题。

1. 双腿分开过大

男员工要严格遵守双腿分开的宽度，不要使其超过自己肩的宽度；女员工要严格遵守双腿分开的幅度越小越好的基本要求。把握好这一点，才会使自己的站姿比较适宜。否则，对于男员工而言，会给客户过于张扬狂妄的感觉；对于女员工而言，会给客户以不雅和缺乏自尊的感觉。

2. 小动作太多

在与客户交流时，如果手势动作太多，会给人带来眼花缭乱的感觉。日常交往中，上身不停地扭来扭去、头部经常左顾右盼等小动作是不成熟、心理不太稳定的表现，要力争杜绝这些小动作。

3. 手位不恰当

我们看到他人用手挖耳朵、抠鼻子时，会感觉很不舒服。当我们将双臂抱在胸前时，往往给人此事与己无关的感觉。将手放在衣服口袋中，又会给他人留下比较懈怠的印象。将手放在脑后，或是用手托着下巴等，这些手部动作都会影响站姿的整体效果。

4. 脚位不恰当

站立时，容易产生的不恰当脚位有：一只脚站在地面，另一只脚放在椅子横梁上，或是脚尖点在地面上等，这些脚位都是很不雅观的。在站立时，可以用变换不同脚位的方法来转移身体的重心，这样能很好地解除疲劳。

5. 弯腰含胸

弯腰含胸是身体健康状况不佳的一种表现，要及时纠正。不然，随着年龄的增长，这种现象会逐渐加重且很难纠正，从而影响外在形象。

6. 肩部歪斜

多数人的两肩都有一高一低的现象，可以站在镜子面前自己进行观察，并加以纠正。

7. 随便倚靠他物

站立时将身体倚靠在墙上，交谈时将身体倚靠在桌子、椅子上等，都会给人懒惰、涣散的印象，都是不可取的站姿。

三、站姿的自我训练

我们可以选择一面洁净的墙壁，将脚后跟、小腿肚、臀部、肩部、后脑靠在墙壁上进行“五点”贴墙法站姿训练（图 17）。通过这种训练，能规范自己的站姿，纠正不良的站姿习惯。

我们还可以选择双人训练法。做法是两人背靠背，互相将脚后跟、小腿肚、臀部、肩部及后脑靠在一起进行训练（图 18）。这种训练方法是非常温馨和快乐的。

图 17

图 18

作 业

1. 请认真观察其他人的站姿有哪些正确的地方，并思考这种站姿会给自己带来什么印象。

2. 请进行“五点”贴墙法站姿训练，并经常提醒自己按照规范的站姿站立。

客户乐于接受的坐姿

在与客户的交往中，正确的坐姿可以给其带来被关注的感觉，还可以给其带来轻松、亲切的情绪体验。

一、常用坐姿

1. 正坐式坐姿

首先从入座、落座的要领中了解正坐式坐姿。

入座要做到轻和稳，女员工落座时要将裙子用手背向前拢一拢（图 19）。男员工入座时要轻轻地提一提裤子（图 20）。在人多的场合集体入座时，为了避免相互妨碍，还要从椅子的左侧入座和离座。

图 19

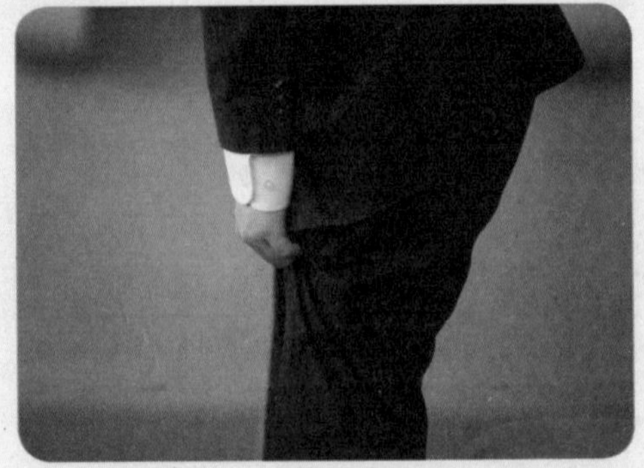

图 20

通常情况下，对客户表达恭敬的做法是坐满椅子的三分之二，这样做还能表现出和蔼、热情的态度。

与客户交谈时，如果上体略向前倾，能体现出积极与主动交流的意愿（图21）。

图 21

落座后，要头部摆正、双目平视、下颌内收、上身挺直、胸部挺起、腹部收紧、表情放松。

落座后，女员工的双手要右手在上、左手在下叠放于大腿上（图 22）。男员工要将双手分别放于大腿上（图 23）。如果体前有桌子，男员工可以将双手十指交叉后放在桌子上（图 24）。女员工可以将双手叠放于桌子上（图 25）。需注意的是，将小臂的二分之一放于桌面即可，小臂放于桌面部分过多，会出现趴伏的现象。

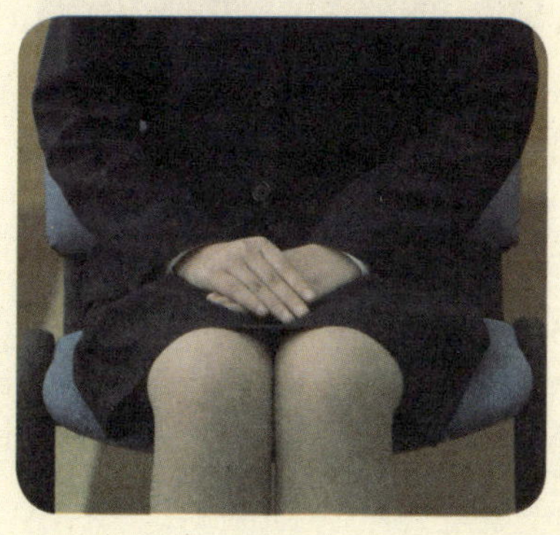

图 22

图 23

图 24

图 25

落座后，女士要将双腿、双脚并拢，小腿垂直于地面或在小腿垂直于地面的前提下向前伸出 10cm 左右（图 26）。男士的双腿、双脚可以打开，但是，双腿分开的距离不能超过肩部的宽度（图 27）。

图 26

图 27

离座时，起身要缓，要无声响。正坐式坐姿会给客户带来被重视、被关注的感觉，这是一种积极的、规范的坐姿。

2. 交叉式坐姿

女士可以将双脚脚踝交叉在一起，小腿垂直于地面，也可以向前伸出 10cm

左右，并将双膝并拢（图 28）。

男士选择交叉式坐姿时，可以将双脚略内收，并将双膝略打开。

交叉式坐姿，是适合银行工作的规范坐姿。

3. 开关式坐姿

让自己的一只脚在前，并脚掌着地，另一只脚在后，将脚后跟略提起，两只脚的脚尖略向外侧打开。男士的双膝可以略打开（图 29），女士的双膝要并拢（图 30）。这是一种既姿态美观，又能受到客户欢迎的坐姿。

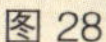

图 28

图 29

图 30

4. 叠放式坐姿

将双腿叠放在一起，男员工可以将放于上面的小腿向侧前方略伸出，脚尖要尽量指向地面（图 31）。女员工要将大腿、小腿均叠放于一起，并将双脚的脚尖指向同一个方向（图 32）。

叠放式坐姿是比较舒适、造型也比较优美的坐姿。但是，这种坐姿会给人比较悠闲的感觉。所以，选择这种坐姿时应注意两个问题，一是在正式场合尽量不选择叠放式坐姿；二是当客户没有选择此坐姿时，自己也不要选择。

在分享坐姿的要领时，更多地提到了腿部的造型。现在，谈一谈双手的摆放方法。

图 31

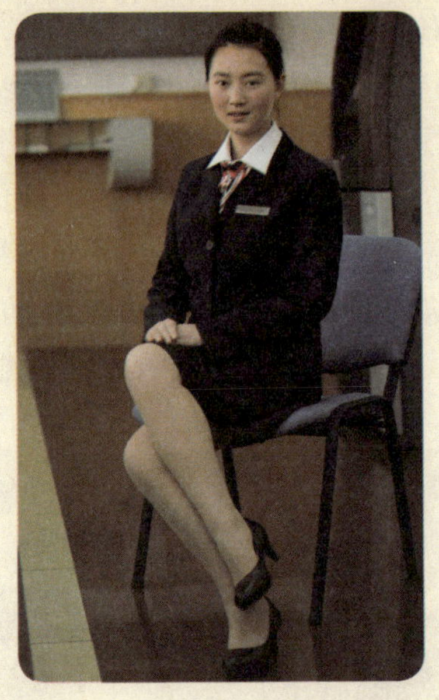

图 32

除了女员工要将双手叠放于大腿上或桌面上，男员工要将双手分别放在大腿上或桌面上，双手摆放还可以选择下列做法。

第一，将双手放在一条大腿上。其做法是双手叠好后，放于一条大腿上。在与客户交谈时，将双手放在距离客户比较近的腿上会更好（图 33）。

第二，将双手放在椅子扶手上。如果椅子有扶手，可以将双手叠放于一侧的扶手上。

图 33

二、坐姿的自我训练

我们可以坐在镜子前，按照坐姿的要领进行自我训练。要重点检查腿位、脚位、手位的姿态。同时，可以放自己喜欢的音乐，以减轻疲劳感。

进行坐姿训练时，还可以将书本放在自己的头顶上（图 34）。这样做，能够较好地强化自己的坐姿。

图 34

三、落座时应注意的问题

在银行工作中，应杜绝下列问题。

（1）入座时不要慌慌张张，以免桌椅出现响动。落座后也不要不停地整理服饰。

（2）女士不要双腿叉开，男士不要双腿叉开过大。

（3）不要将小腿架在大腿上，这是比较放肆的姿态。

（4）落座后，腿部不要不停地抖动，这样会使客户感到心烦意乱。

（5）不要当着客户脱鞋脱袜，这是一种很不文明的举止。

（6）脚尖不要指向客户，这是一种失礼行为。

（7）不要将脚尖翘起来。

（8）不要将肘部支于桌面上，这是对客户不礼貌的做法。

（9）不要将双手夹于两腿之间，这样做会给客户带来害羞、没有信心的感觉。

（10）不要趴在桌上，这是一种很松散的姿态。

（11）不要将双腿伸出太远，这是冒犯客户的行为。

（12）不要将双手抱在腿上，这一姿势不适合工作场合。

作 业

1. 请坐在镜子前，按照坐姿的规范检查自己的坐姿是否正确。

2. 在四种常用坐姿中，你比较喜欢哪一种？请以自己喜欢的坐姿进行训练。

3.你曾在什么场合选择了叠坐式坐姿？通过这一节的学习，你认为自己在哪些场合不应该选择这一坐姿？

使客户感到自信与被重视

在银行工作中，大堂经理发现客户需求时会快步走向对方，这种步伐给客户带来被重视的感觉。大堂经理还会通过踱步，及时发现客户的需求，此时，大堂经理的行走还会给客户带来自信的感觉。

工作中，行走的稳定性给客户带来自信的感觉，而这种稳定性与步幅的大小有直接关系。

除此之外，行走中的步位、步速及身体的整体协调等也都很重要。

一、行走的基本要领

1. 步幅

行走时，步幅的大小应该是自己一只脚的长度。步幅太小会给人做作的感觉，步幅太大会有失稳重，还会给客户不太成熟的感觉。步幅应尽量均匀，不要忽大忽小。

2. 步速

行走的速度应适中，保持每分钟 110 步左右，也就是我们熟悉的《运动员进行曲》的节奏。步速应均匀，不要忽快忽慢。

大堂经理与客户经理引领客户时，其行走速度应与客户的步速保持一致（图 35）。

工作中，在超越前方客户时，要向对方道“对不起”。

工作中，要主动为客户让路，在道路比较狭窄的环境中让路时，要停下脚步并侧转身，请客户先行。

3. 步位

行走时，女员工的步位要形成一条直线（图 36），男员工的步位要形成两条平行线（图 37）。双脚不要出现“内八字”或“外八字”。

图 35

图 36

图 37

为了使行走的姿态比较美观，应让身体的重心自然转移。起步时，身体略前倾，重心落在前脚掌上，随着身体的不断前进，重心不断发生转移。行走时脚跟首先落地，膝盖在脚落地时要伸直，双臂以肩为轴，前后自然摆动，摆幅在 30° 左右。两眼平视前方，挺胸抬头，步伐轻松矫健，形成优美的动态效果。

二、行走的自我训练

1. 步速的训练

选择《运动员进行曲》的节拍控制自己的步速，使自己的步速达到规范要求。

2. 步幅的训练

可以采取自我度量的方法，具体做法是：左脚向前迈出一步，之后以右脚的脚尖为轴，将右脚脚跟以顺时针方向转动至左脚脚后跟处，便基本可以度量出步幅是否标准。

3. 双臂摆动训练

让身体保持直立，将双臂自然摆动，摆动幅度在 30° 左右，注意双肩不要太僵硬。

4. 步位的训练

女员工可以在地面上画一条直线，或是目侧一段直线距离，使自己行走的每一步都落在这条直线上。男士要走出平行线。

5. 稳定性的训练

训练行走的稳定性时，可以将一本书放于头顶。行走时做到头正、颈直、目不斜视、呼吸均匀，争取不让书掉落。

三、行走中应注意的问题

以下的 8 方面是行走中应注意的问题。

（1）行走时，尽量不要在人群中穿行。因工作需要而必须在人群中穿行时，要向客户道“对不起”。

（2）要注意行走时的先后顺序，不要争先恐后。还要养成主动让路的习惯，这样做不但能给他人带来方便，还能体现出良好的修养。

（3）要选择恰当的行进路线，不要只考虑自己的方便。在走廊行走时，要靠右行。

（4）行走时要保持一定的行进速度，不然就有可能阻挡他人的道路。

（5）不要连蹦带跳。作为银行员工，做任何事情都要有度的把握，不要喜形于色。

（6）一般情况下，即使遇到急事，也不要奔跑，不然会使客户产生紧张情绪。如果遇到亟待处理的问题，可以选择加快脚步、加大步幅的方式行走。

（7）走路要轻，各种噪声都会干扰工作的正常进行。

（8）柜面人员在工作中行走的机会尽管很少，但也要做到规范。

作 业

1. 目测一段直线距离，请女员工和男员工分别找一找走成直线及平行线的感觉。

2. 在很多国家的休闲场所，走在后边的人在超越前边的人时会道“对不起”。请问这说明了什么？这种做法值得我们学习吗？

3. 行走中，怎样做才能使客户感到自己是自信的？

第六节 具有银行特色的致意礼

致意是银行工作中简洁而又常用的一种礼节，让我们先来了解致意礼有哪些类型。

一、致意的类型

1. 微笑致意

上文中，我们曾将微笑作为一个比较重要的话题和大家进行了详细的交流，微笑本身就是一种致意的方式。

2. 点头致意

在工作中与客户进行交流时，在工作区域遇到同事时，都可以采取点头致意的方式表示问候与肯定。点头时要使自己的下颌接近上体，目光要凝视对方的面部，点头的速度要适中。

柜面人员、大堂经理以及客户经理等，在认同客户传递的信息时，在对客户的做法表达肯定时，要积极地用点头的方式进行应答或表示赏识。

3. 举手致意

在与客户及同事的距离比较远时，可以通过抬起右臂，四指并拢，拇指略张开，掌心向前，轻轻挥动两三次的方式和对方打招呼。需要注意的是，挥动的次数不要太多，速度不要过快（图 38）。一般情况下，右手手指不要举过自己的头顶。

4. 起身致意

在客户或领导到来或是离去时，表达重视的做法是起身致意。此外，还要做到待客户或领导落座后，自己再落座。在客户或领导离开时，要待对方起身后自己再起身。不然，容易给对方带来急于让其离开的感觉。当介绍者将自己介绍给他人时，也要起身致意。

5. 欠身致意

欠身致意的要领是，在标准站姿的基础上，以髋关节为轴将上体向前倾。通常情况下，前倾的幅度在 15° ～ 30° ，并目视对方。不论是男员工还是女员工，在完成致意礼时都可以将双手搭放于腹部（图 39）。

图 38

图 39

6. 鞠躬致意

在欠身致意的基础上，将自己的目光由目视他人转为目视地面，就完成了鞠躬致意礼。女员工在完成鞠躬致意礼时，要将双手搭放于腹部。男员工在完成鞠躬致意礼时，要将双手分别放于体侧（图 40）。鞠躬致意礼的幅度有 15° 、30° 、45° 、60° 等。日常工作中，选择 30° ～ 45° 鞠躬礼即可。比如：在银行每天的开门迎客环节中，夹道迎客的领导与员工均可以通过行 30° ～ 45° 鞠躬礼的方式表达对客户的欢迎。

图 40

7. 举手招迎

举手招迎是具有银行特色的迎客礼节。

当客户听到呼唤时，柜面人员的举手招迎礼不但可以使客户很快寻找到目标方向，还可以使客户在我们郑重其事的礼遇中感受到尊重。

目前，在不同银行的柜面工作中，举手招迎礼略有区别（图 41、图 42）。

不论是哪一种举手招迎礼，只要同一网点内员工的动作是一致的，就能很好地表达整齐划一的团队意识。

图 41

图 42

8. 握手致意

握手的要领是，在标准站姿的基础上，目视对方，面带微笑（严肃或悲伤场合除外），以右手稍用力握住对方的手上下轻摇，并在 3 ～ 5 秒内完成握手礼（图 43）。有时，为了表达热烈欢迎，还可以将左手搭在对方的手上。

图 43

通常情况下，大堂经理不要主动伸手与客户行握手礼，在客户主动伸手时积极地附和对方即可。

通常情况下，客户经理在客户到来时，要主动伸手与客户完成握手礼，而在客户离开时，要待对方主动伸手后自己再伸手相握。

要注意的是，握手时要摘下手套；当自己的手部不洁时，要提示对方，比如：“对不起！我的手上有墨迹”等；握手时力度要适当；握手时，还要避免出现十字交叉的现象（图 44）。

二、致意的顺序

致意的顺序是：年轻人先向年长者致意，下级先向上级致意，男士先向女士致意，主人先向来宾致意。所以，柜面人员等要主动向客户致意。

图 44

向多人致意时，要遵循先长后幼、先女士后男士、先疏后亲的顺序。

致意时，一般会综合使用两种以上致意方式。比如：微笑致意与点头致意并用，微笑致意与挥手致意并用等。

发现对方向自己致意时，要用同样的方式热情还礼，不要毫无反应、视而不见。

作 业

1. 请在镜子前进行致意的练习。

2. 施致意礼时，如果对方是年轻人，又是上级，我们怎样决定致意的顺序？请给出解决这一问题的建议。

第七节 不能用左手递接物品

案　例

据说，在没有发明餐具的年代，我们的祖先为了卫生和用餐方便，将自己的双手作了分工：用右手取食物，用左手来处理废弃与不清洁之物。尽管目前多数民族选择用餐具进食，但是，认为左手不清洁的这种传统意识还继续保留着。所以，在递物、接物时不要用左手，以免给客户带来不愉快的情绪。

一、递接名片

1. 递送名片

向客户递送名片时，应注意以下问题。

（1）名片要整洁完整，不可有污损、涂改、褶皱。

（2）递送名片要选择适宜的时机。比如：客户经理在工作中，选择与客户初次见面或是分别之时递送名片比较好。

（3）递送名片时，要将名片的正面朝向客户，要用双手递送（图 45）。

（4）应注意递送名片的顺序。一般是主人先向来宾、下级先向上级递送名片。在面对的人比较多时，还可以选择由距离比较近到距离比较远的顺序递送名片。

2. 接收名片

接收名片时应做到以下几点。

（1）要用双手接收。

（2）要认真阅览并致谢对方。

（3）为了交流的方便，可以暂且将名片放在桌上。但是，在离开前一定要将名片收好。

图 45

二、递送回单

工作中，柜面人员在向客户递送回单时，要选择一只手持回单、另一只手指向签字位置的方式。这样做能使客户很快找到签字的位置，以为客户提供方便（图 46）。

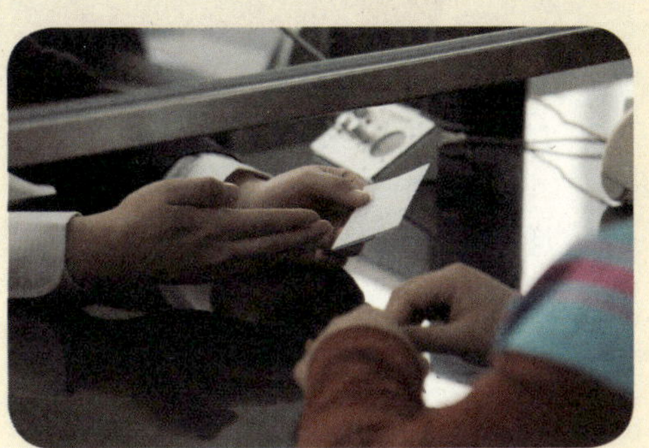

图 46

三、递送其他物品

与客户的交往中除了递送名片、回单之外，我们还会有递送文件、笔、剪刀、水杯等物品的时候。在递送笔、剪刀等物时，不要将笔尖、剪刀尖朝向客户（图 47）。

图 47

递送水杯时，要将水杯放于对方的右前方，如果水杯带有杯耳，杯耳与对方的角度要形成 45° 角，这样比较便于对方持杯（图 48）。

递物、接物时，要主动走向客户，不要站在原地不动，站在原地容易让客户觉得不太热情。

图 48

递物时，除水杯外，要争取递到客户手中，不要随便地放在桌子上或其他地方。

作 业

1. 请通过练习，掌握递、接物品的规范。

2. 接受了他人的名片时，一般要回赠自己的名片。如果你没有带名片，此时应该怎样做？

第二章

仪容礼仪

一位资深形象设计师讲得非常好：“在一个人身上，正常情况下最引人注意的地方，往往首先是他对其面部和头部所进行的修饰。”

银行员工与客户的交流都会从“头”开始。规范的发型、恰当的面部修饰以及肢体修饰，可以让客户看到银行员工良好的精神面貌，并获得客户良好的整体评价。

在这一章中，我们将从余世维博士眼中的银行业、女士化妆及发式发型、男士修面及发式发型几方面与大家分享银行员工的仪容礼仪。

余世维眼中的银行业

余世维是美国诺瓦大学公共决策博士，曾任日本航空公司中国台湾地区副总经理，美爽爽化妆品公司驻美副总经理，美国富顿集团中国总经理，华人首席管理培训专家，有丰富的企业管理和企业培训经验。

余世维对一个人如何获得成功有自己独到的见解，同时，他在《赢在职业化》一书中对银行业进行了褒奖。

一、余世维眼中的银行业

余世维博士在其专著《赢在职业化》一书中，结合多年管理经验写道：

决胜 21 世纪的关键是要做到具有“职业化的工作技能、职业化的工作形象、职业化的工作态度、职业化的工作道德。”

余博士有关职业化的四个内容中，其职业化的工作形象和我们这本书的核心内容是完全一致的。

面对职业化形象这一话题，我们来共同思考下列三个场景。

当一位柜面人员按下叫号器，客户听到呼唤声一步步走来时，他们的眼神一定会聚焦在员工的头部。如果我们因为加班或是气候的原因而面色暗淡，就会给客户无精打采的印象。

当一位客户经理上门拜访客户时，在路途中很有可能头发会变得比较凌乱。如果以这种形象来拜访客户，会给客户不拘小节的感觉。

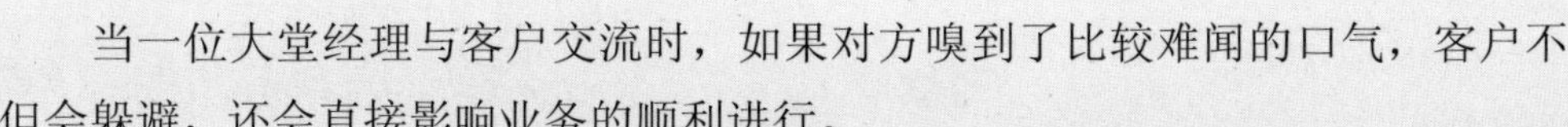

当一位大堂经理与客户交流时，如果对方嗅到了比较难闻的口气，客户不但会躲避，还会直接影响业务的顺利进行。

所以，职业化形象中表面看起来是小事的事情，其实是大事。

余世维博士写道："一个人的职业化速度越快，距离成功就越近。"

国内的各家银行，面对员工职业化形象塑造，都有自己的行为规范文本，甚至还将这些规范拍成视频，以供所有员工学习。

国内某银行对员工仪容的要求就非常具体和细致。

案　例

女员工仪容规范：

（1）化妆。淡妆上岗，要用粉底调理皮肤底色，要修眉，要使用口红。不得浓妆艳抹，不得使用浓烈香水，不得在客户面前化妆。

（2）发式。发型要符合职业要求，做到整洁、大方。不得烫异型发式，如染发应接近本色，不得挑染。头发应梳理整齐，女员工头发长度要前发不过眉毛，后发不过肩膀，不要留耳发。过肩长发要盘成发髻或束起来，不得披头散发。

（3）指甲。双手保持清洁无污垢，指甲长度以将手心朝向面部、将手指尖与视线保持水平时，自己看不到指甲为标准。禁止留长指甲，禁止涂有色指甲油。

男员工仪容规范：

（1）发式。发型符合职业要求，做到整洁、大方。禁止留长发，头发长度要前发不过眉，侧面不过上耳轮，后不过衣领，鬓角不过耳朵的中部。禁止留长鬓角或剃光头。染发应接近本色，不得挑染。

（2）面部及口味。面部要保持干净，要剃须，要剪鼻毛、耳毛。上岗前不吃有刺激性气味的食物。保持形象整洁。

（3）指甲。双手保持清洁无污垢，禁止留长指甲，禁止涂指甲油。

银行员工深知岗位形象要求的重要性，他们在自己的工作中严格要求自己，并努力实践着。

案 例

一位客户经理曾讲道："每次上门拜访客户时，我都会随身携带四样物品：小梳子、小镜子、纸巾和口香糖。当来到客户所在地时，第一件事是要寻找洗手间，在那里梳理一下自己的头发，检查一下自己的面容，之后再去拜见客户。我认为这是对对方的尊重。"

他还说道："办公过程中，如果下午需要拜访客户，我很注意午餐的选择，不吃有刺激性气味的，像有大蒜、大葱、韭菜等的食物。"

这位客户经理就是在此书前边章节中曾出现的那位在几分钟之内将POS机成功推销给客户的人。

这一案例告诉我们，一个人的成功绝不是偶然的，成功永远是属于有准备的人的。

这一案例也证明了余博士的"职业化速度越快，距离成功就越近"这一道理。

在职业化的工作形象一章中，余博士还写道：在中国，"有三种行业跟国际接轨最快，看起来最能让我们感觉到Professional，非常专业化，一个是航空公司，一个是酒店，一个是银行。在全国各大都市，你注意观察，这三个行业看起来最专业化，就是因为他们要求最严格，连女孩子的头发都要绑成一个髻。……像个做事的样子。"

余世维博士对银行业的良好评价，是对银行所有员工的激励。

二、干什么就要像干什么的样子

笔者认为，所谓职业化形象，从根本上讲就是干什么就要像干什么的样子。

当我们提到乐团指挥时，脑海中浮现出的形象是什么？也许是一个稀疏的头发但梳理得很干净、利索，穿着燕尾服，领结打得很漂亮，后面还稍稍翘起，裤子烫得笔挺，手上拿的金属棒很亮丽的人。我们认为，这才是一个乐团指挥的样子。

当我们提到海军少将时，脑海中浮现出的形象是什么？也许我们会想到海军少将穿着一身蓝色制服，肩章很漂亮，胸前挂着一个望远镜，两只眼睛炯炯有神，讲话的声音很洪亮，神态很严肃。这就是我们眼中的海军少将。

一个浓妆艳抹的女士，应该出现在 T 型台或是晚宴场合。

一个留着长发的男子，应该是个艺术家。

美甲很漂亮，但它不适宜银行业的员工。

如果一位银行柜面人员在和客户交流的过程中头发一甩一甩的，将会是什么景象，又会给客户什么感受呢？试想一下，如果是这样，客户会信任这位员工吗？

三、关于仪容意识的误区

在银行员工尤其是新员工的服务礼仪培训中，笔者常听部分员工这样说："我从来不化妆的，我不喜欢化妆。"

"我腕上的镯子是本命年时我妈妈送给我的，摘掉了会很不吉利。"

"我喜欢留长发，剪短了我会很不舒服。"

"留长指甲没什么，它也不会影响我的工作。"

……

我们期待有上述想法的员工，尝试换一种角度重新思考上述问题。

比如：在一个集体中，如果大家都各行其是，最终的结果会是什么？

比如：化妆不但使自己精神状态好，还有利于和客户拉近距离。

比如：上班时可以将长发束起来，下班时再将头发散开。

……

在这一章后续的小节中，将比较详细地和大家就银行女员工的化妆与发型选择，男员工修面与发型选择，以及肢体修饰等几方面内容进行分享。

期待，在我们的共同努力下，对银行业职业化形象的赞扬不单出自专业人士余世维，而是我们的所有客户。

期待，在职业化形象塑造的进程中，我们能够距离成功越来越近。

期待，我们的职业化形象塑造，首先从"头"开始。

作 业

1. 结合本节的学习，请谈一谈在银行工作中，遵守员工仪容规范的重要性。

2. 余世维博士对银行业的赞扬给你带来了什么感触？你会怎样做？

3. 请描述，你认为银行员工的仪容标准是什么？

女员工化妆及发型选择

作为银行女员工，适宜的化妆、恰当的发型选择不但可以给客户留下好的印象，还能够给自己带来自信。

银行员工的妆容要淡雅，化妆最好能在短时间内完成。妆容要与制服、配饰、职业、职位等众多因素相协调，从而达到美化自己、尊重他人、振奋精神、增强自信和塑造良好职业形象的目的。

浓重的眼影和眼线、刺鼻的香水，都是不符合银行工作性质的。

一、女士化妆

1. 化妆的基本原则

（1）自然淡雅。职业妆容是在自身客观条件的基础上进行美化的过程，过于夸张及脱离原型的修饰都会产生虚假和生硬的感觉。妆容不要有明显的化过妆的痕迹，例如，底妆厚重、色彩过白，戴假睫毛，眼线过重，这样会让客户感到很不自然。总的来说，妆容要自然大方、朴实淡雅。

（2）扬长避短。化妆的目的是既要保持原有的容貌特征，又要使容貌得以恰当的美化。化妆时要适当发挥自身面容的优点，并修饰和掩盖不足之处，与此同时还要考虑环境、服装等特定条件因素，这样才能收到扬长避短的效果。

（3）整体协调。职业妆的妆面用色要同自己的肤色、服装及饰物相协调，还应考虑自己的气质、性格、职业特点等因素，使之达到整体的美感，取得和谐统一的效果。

2. 化妆用品简介

（1）粉底。粉底具有遮盖性，能调节肤色，还可以掩盖皮肤瑕疵。粉底有粉底液、粉底霜、粉条、遮瑕膏、粉饼等品种。打过粉底会明显地感觉到皮肤变得匀、瓷、透。粉底液适合日妆和夏季，粉底霜更适合遮瑕。

（2）眼影。眼影有美化眼睛、增加面部色彩、加强眼部立体感和修饰眼形的作用。

（3）眼线液和眼线笔。眼线液和眼线笔是用于调整和修饰眼部轮廓的，它们能很好地增加眼睛的神采。用眼线液画眼线的效果非常好，但操作难度有些大。眼线笔外形如铅笔，笔芯柔软，比较易于操作。

（4）睫毛膏。使用睫毛膏可以使睫毛的密度、长度发生变化，以起到美化眼睛的作用。睫毛膏按功能可以分为加长睫毛膏、浓密睫毛膏、防水睫毛膏等。职业妆中最常用的是黑色睫毛膏。

（5）眉笔。眉笔一般呈铅笔状，笔芯相对稍硬，它的作用是加强眉色并使眉毛增加立体感。

（6）腮红。腮红有改善肤色、使皮肤看起来红润健康的作用。腮红有膏状和粉状。常用的是粉状腮红，它比较好操作。

3. 化妆须注意的问题

（1）要使用与自己的肤色、制服颜色相协调的化妆品。

（2）当面色不好时，一定要用粉底与腮红进行修饰。使用液体粉底可以使皮肤看起来比较细腻。使用粉底时不要只涂面部，这样做会使面部与颈部有明显的分界线。建议大家用海绵上妆，以使妆容比较均匀、光亮。

（3）饭后应补妆，以保持妆容的整洁。还应及时使用吸油纸或纸巾将面部分泌的油脂揩干。

（4）应注意化妆品的卫生，经常清洗化妆用具。

4. 化妆的基本程序

（1）妆前准备。化妆前的准备工作有修眉、洁肤、护肤三个内容。

①修眉。可以用眉刀、眉钳对眉毛进行修正，以使面庞显得更加清秀。

②清洁面部。化妆前要用温水及洗面奶洗去脸上的油脂、汗水、灰尘等，以使妆面干净、光亮。

③护肤。面部清洁后，要涂上润肤露或润肤霜。在冬季要选择霜、膏类护肤品，夏季可以选择乳液、水质护肤品。好的护肤品可以在涂粉底之前为化妆打下一

个好的基础，可以确保化妆时面部不会起皮，而且会使皮肤显得晶莹剔透。

（2）化妆的 6 个步骤。

①打粉底。底色是妆前的基础颜色，粉底选择要适合自己的肤色，其标准是打过底后粉底颜色与肤色比较接近。可以用海绵或手指完成打底过程，应注意面部与颈部颜色的自然衔接。打过湿粉后涂抹干粉或散粉时，不要涂得太厚或太薄。底妆要起到调整肤色、遮盖瑕疵、光亮皮肤的效果。还要注意不得使用气味浓烈的化妆品。

②眼部的化妆。因为亚洲人的眼睑比较平直，所以眼部化妆应尽量避免用粉色或鲜艳的颜色，选用浊色会比较好。

工作中的眼影应选择柔和的自然色，不要用亮丽的珠光色或亮点装饰眼部。选择浅咖啡色、淡蓝色会比较好。

画眼线会使眼睛显得更亮、更有神采，要贴着睫毛根部描画，淡妆的眼线要画得稍细些。

睫毛膏的颜色以黑色、深棕色为宜。刷睫毛时要先将睫毛用睫毛夹夹翘，然后均匀地顺着睫毛的生长方向刷睫毛膏，这样才能使睫毛不易粘连（图 49）。

③画眉。画眉时，首先用眉笔顺着眉毛的生长方向描画，然后再用眉刷或眉粉定型。切不可将眉毛画成一条重重的黑色，最好用深棕色或深灰色的眉笔，这样会使眉毛显得比较自然（图 50）。

④涂腮红。腮红要涂在自己微笑时面部的最高点，腮红不要涂得太厚，且要涂得很均匀。皮肤白的员工可以选用粉红色腮红，肤色较深的可以选用桃红或珊瑚色腮红。如果自己的皮肤比较红润，是可以不涂腮红的（图 51）。

⑤涂口红。口红的颜色要与腮红的颜色保持协调，它们的颜色应该属于同一个色系。涂口红之前要先画出唇线，之后再涂上口红（图 52）。

⑥卸妆。要养成卸妆的好习惯。应使用专用卸妆液将妆容卸掉，再用洗面奶将残留的化妆品清洗干净。卸妆时不可太过用力，尤其是眼部更要注意。

5. 化妆禁忌

化妆时应避免某些错误做法，化妆禁忌包括以下几方面。

（1）不要选择离奇出众的创意妆。化淡妆不能脱离自己的工作角色，不能追求怪异、神秘的妆容。

（2）不要残妆示人。工作中，在出汗、休息或用餐之后，容易出现脱妆。如果没有及时补妆，以残妆示人会给客户懒散、邋遢的感觉。所以，应及时检

图 49

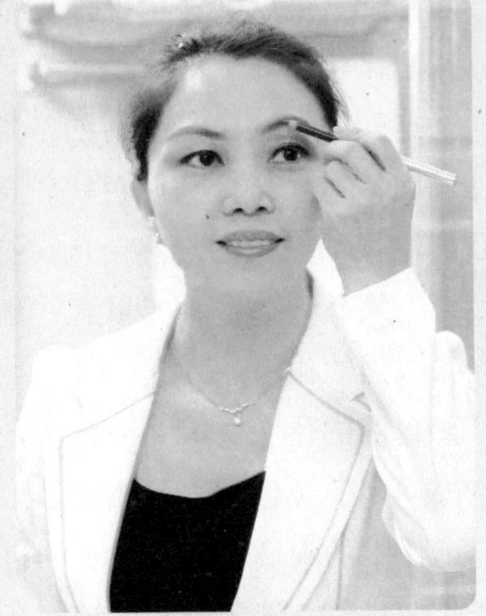

图 50

图 51

图 52

查和补妆。

（3）不要当众化妆或补妆。无论是在办公场合、营业厅，还是其他社交场合，需要补妆时应去盥洗室，切忌当众补妆，尤其不要在男士面前补妆。

6. 皮肤的日常保养

（1）选择合适的护肤品。选择温和的洗面奶，不含酒精的化妆水，滋润但不油腻的日霜、晚霜，并适当使用面膜进行面部皮肤保养及修复。

（2）掌握护肤技巧。洁面后要先用柔和的收缩水拍打面部，之后涂抹润肤露。涂抹润肤露时应顺着肌肉的纹理方向轻轻涂抹，不要过重地推拉，以免出现皱纹。

应定期做深层清洁或全套皮肤护理，促进新陈代谢和血液循环，以使面色保持红润。应尽量避免在阳光下曝晒，在户外工作时，应提前涂抹防晒霜，避免皮肤因缺水而出现皱纹。

（3）适当运动。体育活动可以促进表皮细胞繁殖，使表皮形成一层抵御有害物质的天然屏障。

（4）合理饮食。从机体内部给予皮肤营养的做法有很多，比如多喝水、豆浆、牛奶，多吃水果、蔬菜等含维生素高的食品，少吃高糖、高脂、辛辣的食物，以滋润肌肤。

二、女士发型

不同的发型会塑造出不同的形象。例如，艺术家可以选用各种标新立异的发型，以突出其个性特征，银行员工则应选择客户所能接受的发型，并在此基础上寻找适合自己的发型，这样做可以有效地修饰面部，达到相互烘托的效果。

1. 发部的清洁

为了维护个人及银行的集体形象，需要经常清洗、修剪和梳理头发。每周至少清洗三次头发，并保证无头屑。

2. 发型的梳理

女士的头发有长发和短发之分。短发的标准是指发不过肩膀，还要做到刘海不超过眉毛，两侧不遮盖面部。

超过肩膀的头发，在工作时要将其盘起来。

盘发的步骤如下：

（1）将头发用皮筋束起来（图 53）。

（2）将银行统一配发的发花固定在皮筋处（图 54）。

（3）将头发放入发花的发网中，使之形成比较饱满的发髻。

（4）用黑色发卡将发髻内侧固定在头发上。

发髻的底端要和耳垂保持水平（图 55）。如果留刘海要做到长度不超过眉毛，耳部两侧要无碎发。还要注意不要在客户面前梳理头发。

图 53

图 54

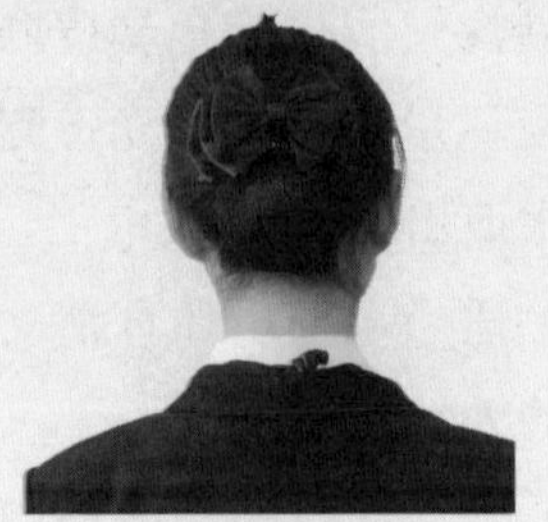

图 55

3. 发饰的佩戴

银行员工在工作中不要佩戴过于夸张的发饰，例如颜色过于鲜艳的发卡、造型比较夸张的头花等。

三、其他

图 56

1. 指甲修饰

很多女士通过美甲或留长指甲的方式表达对生活的热爱。可是，在工作岗位上，这样的做法是欠妥的，使用无色、透明的指甲油比较好。

指甲的长度要适宜，其标准是在掌心朝向面部，将手指尖和视线保持水平时看不到自己的指甲（图 56）。

2. 手部卫生

要养成保持手部卫生的好习惯。

3. 口腔气味

上班前，不要吃辛辣有刺激性气味的食物。

4. 物品携带

女士上班时，要随身携带化妆盒、纸巾等物品，以备脱妆时及时补妆。

作 业

1. 请谈一谈女士在工作中化淡妆的意义是什么。

2. 请通过分析，选择出适合自己的腮红颜色。

第三节 男员工修面及发型选择

据一家广告公司的调查，54% 的男性被访者经常使用洁面乳、紧肤水、润唇膏等洁肤、护肤用品。这反映出男士们越来越注重自己的仪表。

多数男士还认为，注重仪表修饰能给自己带来自信。

在银行工作中，仪容得体的男员工比较容易受到客户的欢迎。

男员工在银行工作中尽管不要求化妆，但要做到面部整洁、清爽、美观，还要做到头发卫生和发型规范。

一、男员工修面

男员工修面应从洁面、面部修饰、面部保养三方面做起。

1. 洁面

首先，洁面要选择中性用品。

大家都清楚，pH 值是表示物质酸碱性的。当 pH ＞ 7 时表示物质为碱性；当 pH ＜ 7 时表示物质为酸性；当 pH=7 时表示物质为中性。人的皮肤是弱酸性的，其 pH 值为 5 ～ 7，这种环境有较好的杀菌护肤作用。

洁面时，如果选择碱性较强的香皂，虽然感觉清洁效果明显，却改变了皮肤的环境，还会刺激更多的油脂分泌。所以，选择中性洁面用品是比较科学的。

洁面时，取适量洗面奶或其他洁面用品于手掌，将其打成泡沫状，按照由下向上，由内向外的方式打圈按摩，之后，用流动的清水将泡沫洗净，再用软毛巾将水轻轻吸干即可。

2. 面部修饰

面部修饰应彻底并讲究修饰方法。

刀片与皮肤的亲密接触，多多少少会给皮肤带来刺激。使用刀片剃须时：

（1）用温水洁面。

（2）选用剃须膏，以减缓刀片对面部皮肤的摩擦。

（3）剃须后要涂须后水或须后乳，用以调理、镇静紧张的皮肤，使其恢复生机。

面部修饰还包括剪鼻毛等内容。

3. 面部保养

男员工应养成保养面部皮肤的好习惯。洁面、剃须后，应使用爽肤水。

爽肤水可以帮助男士进一步清除表皮残余油脂，收敛毛孔并保持肌肤弱酸性的 pH 值，有些含保湿因子的紧肤水还能进一步软化皮肤。在洁面和剃须后使用紧肤水，会产生很舒适的感觉，还能有效防止因剃须引起的过敏现象。

为了给皮肤增加营养，男员工可以选择清爽型的润肤露。它会让面部感觉轻松并能比较迅速地渗透，形成的保护膜可以有效锁住肌肤内水分，给面部肌肤带来持久的润泽。

4. 须注意的问题

（1）男员工要坚持每天上班前剃须。

（2）要注意清洁鼻垢。清洁时不要当众进行，要使用手帕或纸巾清洁，还应及时修剪鼻毛。

（3）由于生理原因，部分男士耳孔周围会长有耳毛，如果有这种现象要及时进行修剪。

（4）有吸烟习惯的男士，应定期到医院清洁牙齿。这样做不但有利于自己的形象，还会起到保护牙齿的作用。

二、男员工发型选择

在银行工作中，男员工的发型应体现庄重而保守的风格，这样做有易于得到客户的信任。

1. 头发的清洁

男员工要经常清洗头发。正常情况下 2 天左右洗一次头发。如果是油性头发，则要每天清洗一次。

要养成使用护发素的好习惯，以保持头发柔软并易于梳理。

如果发质比较干枯，应通过焗油或使用营养素的方法来调理。

2. 头发的长度

男员工头发的长度应该长短适中，以短为宜。具体标准是前侧头发不抵眉（图57）、两侧头发不掩耳，鬓角不长于耳朵中部（图58），后侧头发不触及衣领（图59）。

图57

图58

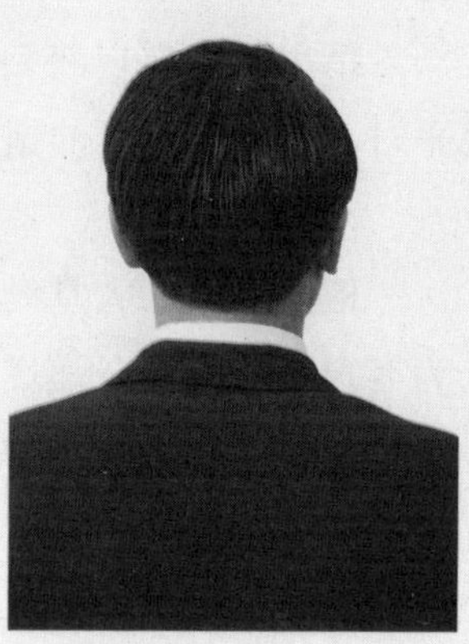

图59

男员工不得剃光头，不染比较个性化的彩色头发，不能追求过于时尚夸张的发型。为了保持精神利落，应根据头发生长的规律，至少在半个月左右理一次头发。

3. 发型的选择

男员工要在规范、得体的基础上选择适合自己脸型、体型和年龄的发型。

比如大脸型的男士可以选择偏分头（图60），小脸型的男士可以选择寸头等（图61）。

图60

图61

三、其他

指甲长度、手部卫生、口腔气味也是仪容这一话题中的重要部分。

1. 指甲长度

留着过长的指甲，不但会给工作带来不便，还容易使客户觉得我们不像银行员工。

指甲长度要以将自己的掌心朝向面部，将每一根手指的指尖与视线保持水平时，看不到自己的指甲为标准。

2. 手部卫生

柜面人员、大堂经理以及客户经理，在每天的工作中会经常通过自己的手，为客户指示方向、递送物品等。所以，手部卫生就显得尤为重要。

保持手部卫生，除了勤洗手外，吸烟的男士还要努力做到手指不留有吸烟所留下的痕迹。

3. 口腔气味

因为生理的原因，自己的口腔气味出现异常时，要及时通过看医生进行治疗。

在上岗前，为了杜绝口腔异味，不要吃辛辣刺激性的食物。比如大蒜、韭菜等。

4. 身体气味

勤洗澡、勤换衣服，会使自己的身体气味保持清新。

大家很欣赏有使用香水习惯的男士。香水应选择品质比较好且淡香型的。

作　业

1. 通过这一节的学习，请分析自己哪些方面做得较好，还有哪些方面做得不到位。

2. 请通过对自己体貌特征的分析，寻找适合自己的发型。

第三章

服饰礼仪

服饰的大方和整洁有一种无形的魅力。它能反映一个人的工作性质、社会生活、文化水平和综合修养。正如莎士比亚所说："服饰往往可以表现人格。"

一个人穿戴什么样的服饰，直接影响到别人对他个人形象的评价。服饰礼仪只有与穿戴者的气质、个性、身份、年龄、职业以及穿戴的环境、时间协调一致时，才能达到美的境界。

目前，各银行都会配发标准制式工服，同样，工服的穿着也有其标准和规则。

在这一章中，将通过分享重视"7秒钟"效应、男员工的服饰礼仪、女员工的服饰礼仪来介绍服饰礼仪的相关内容。

重视“7秒钟”效应

我们重视第一印象，是期待通过和客户最初见面时所传递的信息，给客户留下好的印象。与客户见面的初期，印象的形成往往只需要短短 7 秒钟时间。

最初 7 秒钟给对方留下的印象，基本是由人们的外在信息决定的。

请大家根据下面的情景，一起思考问题。

当柜面人员按了叫号器，举起自己的右臂，通过此行动迎接客户时；

大堂经理在客户来到营业网点，走向客户表示热烈欢迎时；

客户经理拜访客户，通过敲门，在得到客户允许而推开房门，一步步走向对方时；

如果此时客户看着我们，他们会看到什么呢？

相信，大家会给出下列回答：

(1) 他们会看到我们的面孔和表情。

(2) 他们会看到我们穿了什么样的衣服。

(3) 他们会看到我们将衣服穿成了什么样子。

(4) 他们会看到柜面人员的坐姿。

(5) 他们会看到大堂经理和客户经理的走姿。

……

再给出第二个问题：当客户看到这些，他们会产生什么想法呢？

相信，大家会给出下列答案：

(1) 当我们衣着整齐时，客户会给出精神状态很好的结论。进而，客户还

会产生信任我们的结论。

（2）当我们面带笑容时，客户会得出我们在热烈欢迎他们，甚至是我们喜欢他们的结论。进而，客户会变得很开心，甚至是比较愉悦。

（3）当客户看到坐姿、走姿都非常规范的我们时，客户会认为我们很自信。进而，客户还会产生信任我们的感觉。

……

此时，我们会感慨。短短的 7 秒钟，客户还会因为我们表情的淡漠、衣着的不整、姿态的不雅而产生我们的精神状态不好、我们不欢迎他们、我们不值得信任等负面结论。

一旦给客户留下了这些负面的印象，柜面人员在与客户进行业务交流时，会是什么局面？大堂经理在协助客户完成分流、预处理时，会是什么局面？客户经理在上门拜访时，又会面临什么样的局面？

所以，这短短的 7 秒钟决定着我们与客户交流质量的高低。

很多柜面人员因为认识到了这一点，而在上岗前，让自己的着装达到规范（图 62）。

图 62

很多网点领导因为认识到了这一点，而在晨会时仔细检查员工仪容仪表（图 63）。

图 63

图 64

很多客户经理由于认识到了这一点，而在每一次拜访或接待客户之前，对自己的形象进行认真的审视（图 64）。

案 例

一位客户经理在拜访客户时，特意穿了一件淡粉色衬衫。

当同事问他为什么这样做时，他讲道："今天要拜访的这位客户，是一位讲究时尚的、有审美眼光的人。为了接近对方，我特意选了这件衬衫。因为今年的流行色中有淡粉色。"

这是一位有思想的、重视交往质量的客户经理。

7 秒钟效应往往是不客观的，是非理性的，但是，这是人的一种很正常的心理过程，它是客观存在的。我们所要做的是，接受和顺应这种过程，重视自己与客户见面时的衣着、体态等的规范性。

7 秒钟效应往往是不可逆转的。这里的不可逆转指的是：一旦在客户心里形成了好的或不好的第一印象，这种印象就很难改变。

案 例

一位大堂经理因工作的需要，前后两次调换了营业网点。

没有想到的是，不论她调换到哪个营业网点，一部分客户都会将自己的业务转到她所在的网点。

时间过得很快，这位大堂经理到了退休的年龄，她离开了自己的工作岗位。

让大家没有想到的是，部分客户在来这一网点办理业务时，在很长一段时间内，总在询问网点的工作人员："这么好的大堂经理退休了，这实在可惜，她不应该退休。"

这一真实的案例告诉我们，7 秒钟效应的重要性。

案　例

一位客户经理自豪地说道：“我的客户并不多，但是每年我都能比较轻松地完成任务。”

当大家问他的经验是什么时，他快乐地说道：“任何客户都有他们自己的圈子，只要维护好了一个客户，就有可能获得这个圈子中其他人的支持。因为，客户愿意支持你。”

柜面人员也有许多因重视了第一印象而和客户建立起良好合作关系的成功案例。

案　例

一天，大堂经理发现一位客户径直走进营业厅，东张西望地在寻找着什么。

大堂经理马上来到客户面前问道：“先生，请问我能为您做些什么？”

客户听到大堂经理的询问，回答道：“那 6 号柜面的小伙子怎么没上班呀？”

大堂经理笑着说道：“噢，您是来找 6 号柜面的小张啊，他今天倒休了。”

客户听到大堂经理的回答，二话不说地转身向营业厅门口走去。

大堂经理看到后，很快跟了过去说道：“先生，小张没有上班也没有关系。您看，网点今天有这么多员工呢。请问我们能为您做些什么？”

此时，客户停下了脚步，他问道：“明天小张上班吗？”

大堂经理答道：“上班……”

客户没有听完大堂经理的话，边转身边说道：“好，谢谢！我明天再来。”

面对这位“非小张不可”的忠诚客户，我们感到小张的工作是很有质量和价值的。

因为 7 秒钟效应往往是非理性的，所以，在工作中不要轻易地给客户下结论。

重视 7 秒钟效应的制约因素，并努力做到最好。

7 秒钟效应的制约因素是什么？

我们的答案是：

（1）服饰；

（2）肢体动作；

（3）面部表情；

（4）仪容。

心理学家讲，7 秒钟效应中有 90% 来自于服饰信息。这也是在这一章的第一节便和大家分享这一内容的原因所在。

作　业

1. 怎样理解 7 秒钟效应的意义？

2. 你是否有第一眼就接受了某位客户的过程？通过回忆，回答我们因为什么而接受了客户。

第二节

男员工服饰礼仪

在这一节中，将分享男士西装的穿法、配饰的选择及佩戴方法。

一、西装的穿法

目前，各银行为男员工配发的工服有西装、衬衫、领带等。一套完整的西装还包括腰带、袜子和皮鞋。配发的西装多为单排两粒扣或三粒扣的款式。

西装在穿法上有很多规则，人们将这些规则称作西服文化。当我们按照这些规则穿好西装时，不但能给客户带来很有品位的印象，还能为集体带来整齐划一的良好形象。

1. 西装

（1）扣子的系法。

①上衣扣子的系法。

当西装上衣为两粒扣子时，扣子的系法有两种：第一种系法是只系上边的一粒扣子，不系下边的扣子（图 65）；第二种系法是两粒扣子都不系（图 66）。

当西装上衣为三粒扣子时，扣子的系法有三种：第一种系法是系上边的两粒扣子（图 67），第二种系法是只系中间的一粒扣子（图 68），第三种系法是三粒扣子都不系（图 69）。

不论是两粒还是三粒扣子的单排扣西装，只有在落座时才可以将扣子全部打开。但这种做法在银行工作中，目前只允许客户经理选择。所以，柜面人员和大堂经理在工作中不要将西装的扣子全部打开。

图 65

图 66

图 67

图 68

图 69

②裤子扣子的系法。裤子后侧的兜上分别有一粒扣子，这两粒扣子是必须要系上的（图 70）。

③马甲扣子的系法。当马甲的扣子为双数时，最下边的一粒扣子不用系；当马甲的扣子为单数时，要将扣子全部系上。

（2）兜的使用。西装的兜比较多，但有使用功能的却比较少。

①上衣兜的使用。上衣内侧的兜是可以放置物品的（图 71），外侧的左上兜可以放置口袋巾。

图 70

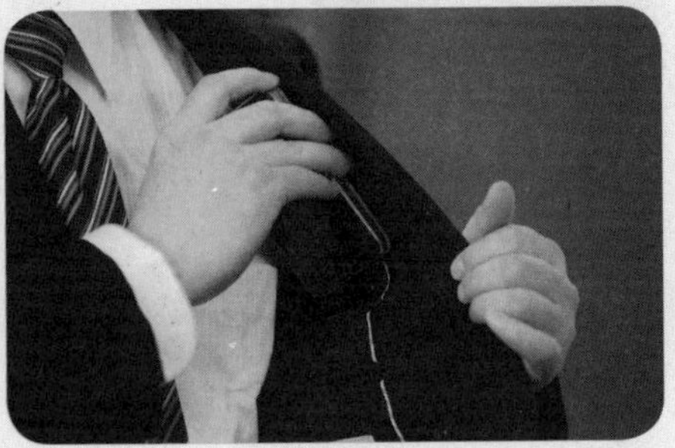
图 71

②裤子兜的使用。裤子上共有四个兜，后侧的两个兜是不能放置物品的，侧面的两个兜可以放置少量物品。

③马甲兜的使用。过去，马甲的兜是用于放置怀表的。现在人们基本上不再使用怀表，所以马甲的兜已失去了其使用功能，是不可以放置物品的。

图 72

（3）西服的长度。上衣的衣长要在臀围线以上 1.5cm 左右，袖口要短于衬衫袖口 1 ～ 2cm（图 72），领口要低于衬衫领口 1 ～ 2cm（图 73）；裤子的长度要以身体直立时，裤角前面处于鞋面中央、裤脚后面至鞋跟中央为宜。

2. 衬衫

长袖衬衫是搭配西装的唯一选择。衬衫的领子要挺括；衬衫的下摆要放在裤腰内；衬衫的左上兜没有使用功能，是不可以放置物品的；打领带时，衬衫上所有的扣子都要系上，不打领带时，衬衫最上边的一粒扣子是不用系的；衬衫里面的内衣领口和袖口不要外露。

图 73

3. 领带

领带打好后要使领结贴紧衬衫领子，不要

图 74

出现脱节现象；领带长度以系好后大箭头垂放于皮带扣处为标准（图 74）。

大家可以根据自己的体貌特征选择适宜自己的领带打法。

下面与大家分享温莎式结的打法。

（1）将领带搭放于脖颈上，并使大箭头一端长于小箭头 33cm 左右（图 75）。

（2）将大箭头一端在上与小箭头一端交叉，由内向外穿过环节（图 76）。

图 75

图 76

（3）将大箭头一端由后向前绕过环节，再由前到后穿过环节（图 77）。

（4）将大箭头由前向后绕过整个环节，再由上向下穿过环节（图 78）。

图 77

图 78

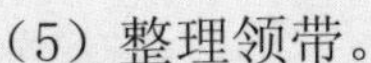

（5）整理领带。

温莎式结适合身材比较高大、脸型比较大的员工。身材比较清秀、脸型比较小的员工可以选择四分之一式的领结，其打法与红领巾的打法是一致的。

4. 腰带

穿西装时，要选择板式扣腰带，皮带扣要大小适中，样式和图案不要过于夸张，以黑色、牛皮质地为宜（图 79）。

5. 皮鞋

皮鞋应选择简单规整、鞋面光滑亮泽的式样。蓝色工装适宜选择黑色皮鞋。压花、拼色、蛇皮以及异形皮鞋，是不适宜搭配正式西装的。

6. 袜子

要选择深色的袜子。袜口要高些，以落座后不露出腿部皮肤为宜。

二、配饰

我们将男士的胸牌、眼镜、手表、首饰，以及客户经理外出办公时使用的包、风衣、大衣、围巾、帽子等统称为配饰。

1. 胸牌

胸牌要佩戴于西装上衣左胸兜口上方。应使胸牌的右边缘距兜的右边缘 2cm，并使胸牌与地面保持水平（图 80）。夏季穿衬衫时，要将胸牌佩戴于衬衫左胸兜口上方。

图 79

图 80

2. 眼镜

眼镜的款式要简洁大方，镜框不要过于宽大，不要配戴有色眼镜。

3. 手表

要选择金属或皮质表带的机械或石英表，表带以黑色、银色为宜。

4. 首饰

多数银行允许员工佩戴订婚或结婚戒指。

佩戴戒指时，应选择简洁大方的款式，不要选择过大的、比较复杂的、过于夸张的款式。

5. 包

男员工包的颜色一般为黑色、褐色。包的颜色应与皮鞋、皮带的颜色保持一致。包的款式应简洁大方，见棱见角的方形皮包比较适合银行员工。

6. 风衣、大衣

客户经理外出办公时，遇到比较冷的天气时，可以穿风衣或呢子大衣御寒。选择羽绒服等御寒的方法是不可取的。

7. 围巾、帽子

围巾要和服装、季节相协调。客户经理外出办公时，厚重的衣服可以搭配轻柔的围巾或比较厚重的围巾。围巾是室外用品，到了室内应及时摘掉。

帽子可以起到御寒、遮阳及装饰的作用。但在室内应将帽子摘掉。

作　业

1. 为什么银行业的工服多是西装款式？

2. 西装在穿法上要注意哪些细节？为什么这些细节属于西装文化？

3. 客户经理在外出办公时，选择服装的原则是什么？为什么？

女员工服饰礼仪

银行女员工的服饰礼仪包含西装套裙（裤）、衬衫、丝巾、腰带、袜子、船鞋的穿法及选择。还包含胸牌、眼镜、手表、首饰以及包、风衣、大衣、围巾、帽子等配饰的选择及佩戴方法。

一、西装套裙（裤）的穿法

西装套裙是由男士西装演化而来的。西装套裙不但给人以严谨、传统的庄重感，还能很好地体现出女性柔美的性别特征。穿着套裙时，应从以下方面做起。

1. 套裙（裤）

（1）扣子的系法。女员工西装上衣的扣子要全部系上（图 81）。同时，还要将裙子的拉链拉好。

（2）兜的使用。女员工可以将物品放置于裤子侧面的两个兜中，但不要放置过重、过多的物品。

（3）衣服的长度。女员工上衣的长度，应以将一只手臂举至最高处时，不露出自己的裙腰或裤腰为宜（图 82）。女员工裙子的长度不要短于膝盖以上 3cm（图 83）。女员工的裤长应以身体直立时裤

图 81

图 82

角前面处于鞋面中央为宜。

2. 衬衫

夏季穿衬衫时，直摆的衬衫要将下摆放置于裤腰或裙腰内，圆摆的衬衫可以将下摆放置于外面。着西装时，应将衬衫的下摆放于裤腰或裙腰内（图 84）。

银行配发的衬衫多为浅色，因此穿着时应选择浅色及尺寸比较合适的内衣。

3. 丝巾

在银行工作中，女员工佩戴丝巾和男员工佩戴领带的作用是一致的。

丝巾的打法有多种，下面分享其中的一种。

（1）将丝巾多次对折，使其形成长条状。

（2）将折好的丝巾折扣向下，搭放在脖颈上，并让左侧长于右侧。

图 83

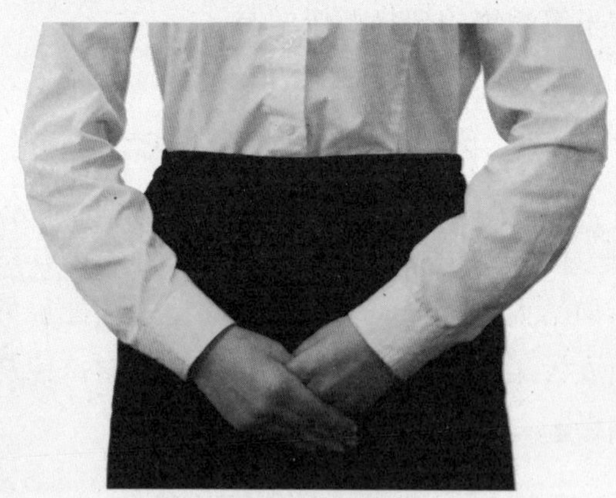

图 84

（3）将丝巾左侧一端在上，右侧一端在下交叉后，由下向上穿过环节。

（4）将丝巾由后向前绕过环节，并再次穿过环节。

（5）整理丝巾。

丝巾打好后，要使丝巾的结与右侧耳朵保持垂直，并在工作过程中保持丝巾结的位置。

4. 丝袜

穿西服套裙时，要着肉色连裤丝袜。当丝袜出现破损时要及时更换，所以

女员工在上班时，要随身携带一双丝袜。

穿西服裤装时，可以选择矮腰的肉色丝袜，袜腰的高度以落座后不露出腿部皮肤为准。

5. 皮鞋

船鞋是女员工最好的选择。鞋子的颜色为黑色，质地为皮质，但不要选择翻毛和漆皮鞋子。鞋跟以不低于 3cm 为宜，但也不宜过高。鞋面要简洁，没有其他装饰会更好（图 85）。

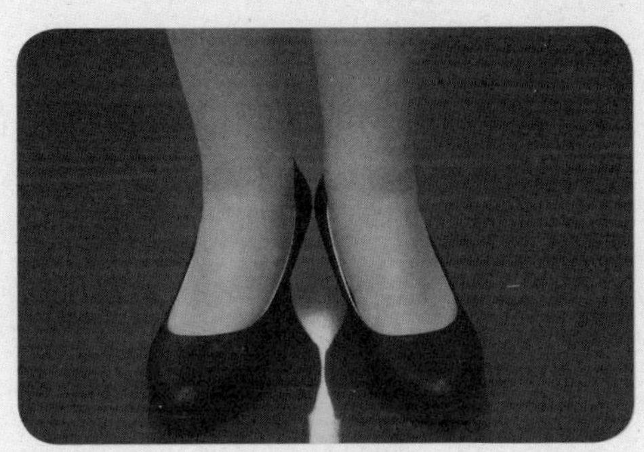

图 85

靴子属于休闲类鞋子。客户经理在外出办公时，不得穿靴子。

二、配饰

我们将女士的胸牌、眼镜、手表、首饰，以及客户经理外出办公时使用的包、风衣、大衣、围巾、帽子等统称为配饰。

1. 胸牌

胸牌要佩戴于西装上衣或衬衫的左胸，其高度为由肩缝垂直向下的 15cm 处。胸牌左右位置的确定，可以根据上衣衣领的宽度，选择比较合适的位置，前提是员工间要保持一致。还要使胸牌与地面保持水平（图 86）。

图 86

2. 眼镜

女员工眼镜的选择原则与男员工是一致的。眼镜的款式要简洁大方，镜框不要过于宽大，不要配戴有色眼镜。

3. 手表

要选择金属或皮质表带的机械或石英表，表带以黑色、银色为宜。

4. 首饰

多数银行允许女员工佩戴两款首饰。比如：当佩戴了一副耳钉后，还可以佩戴一枚戒指。

首饰要选择简洁大方的款式。不要选择过大的、比较复杂的、过于夸张的款式。比如，在工作中，不要选择垂型的耳饰。因为这种款式的耳饰在工作中会不停地摇摆。

还要注意首饰相互间质地、色彩、款式的一致性。

5. 包

女员工包的颜色一般为黑色、褐色。包的质地应是皮质，包的款式应简洁大方，不应有过多的装饰物。

6. 风衣、大衣

客户经理外出办公时，如遇到比较冷的天气，可用风衣或呢子大衣御寒。选择羽绒服等御寒的方法是不可取的。

7. 围巾、帽子

围巾和帽子要和服装、季节相协调。围巾和帽子是室外用品，到了室内应及时摘掉。

客户经理在外出办公时，还可以发挥围巾的多种作用。下面分享用围巾替代打底衫的一种方法。

（1）将方巾的中心部分用皮筋束上（图 87）。

（2）将束好的方巾翻过来，使束好的部分处于内侧（图 88）。

图 87

图 88

（3）双手捏住丝巾的两个对角，将其系在脖颈上（图 89）。

（4）将丝巾放在外衣内（图 90）。

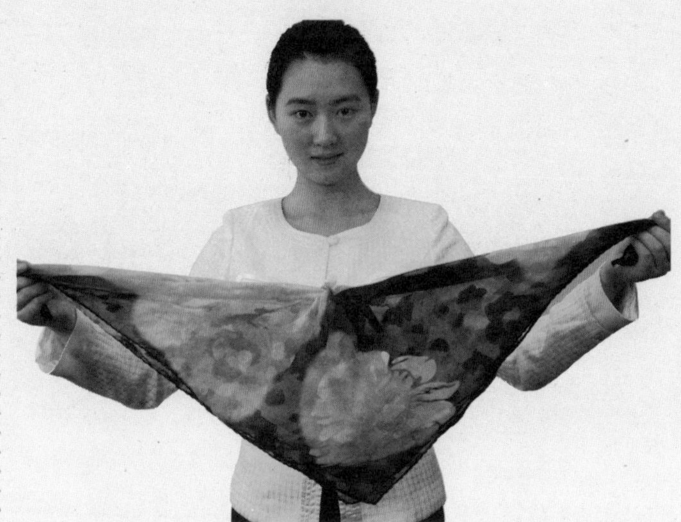

图 89

图 90

作 业

1. 请回答：为什么银行女员工要选择肉色丝袜？

2. 请根据这一节的学习，检查自己哪些方面做得比较好，还有哪些方面需要改进。

3. 客户经理在外出办公时，选择服装的原则是什么？为什么？

第四章

语言礼仪

银行工作中，客户会因得到我们的夸赞而获得愉快的心情，并进而带来客户对我们工作的支持。

比如：对公柜面人员面对一位客户夸赞道："您每次来办理业务时，所带的材料总是很齐全，是一位细心的人。"客户听到夸赞后，在绽开笑脸的同时，会在今后的业务办理中很少出现材料携带不齐全的现象。

银行工作中，客户也会因听到不顺耳的话而心生不快，这种心情会很快转为客户对银行工作的批评甚至是投诉。

比如：对私柜面人员认真地提醒客户道："您已经两次输入密码有误，如果再次出现错误，就只能一个星期以后通过解锁来办理业务了，这是中国银行的规定。您听清楚了吧？"

客户听后十分生气，他大声说道："你这是什么态度……"

我们常说，语言是一个人思想水平的表达。

银行工作中，如果从客户的角度进行思考，其语言往往是积极的，这种语言也是客户比较乐于接受的。相反，如果从自己的角度进行思考，其语言往往是消极的，这种语言也是客户比较反感的。

这一章将从撕纸游戏带来的启发、"四心"是语言沟通的前提、用"两步法"处理客户异议、讲原因比讲结论效果好、分层梳理就有条理等八方面与大家分享有关语言的话题。

第一节 撕纸游戏带来的启发

在银行员工与客户怎样进行有声语言交流的课程中，培训师经常通过组织大家完成撕纸游戏，来引出语言沟通的模式、影响沟通的障碍等话题。

撕纸游戏是这样进行的：

首先，分别发给每位员工一张相同大小的纸张，比如 A4 纸。

其次，请大家闭上双眼，根据培训师发出的指令，独自完成游戏。其指令的内容一般是：

将纸张对折三次；

撕去左下角；

旋转 90°；

撕去右下角。

到此，撕纸游戏结束。

之后，培训师会组织大家进行相关讨论，讨论的题目一般是：

问题一，请大家和周围的伙伴分享一下自己的作品，并看一看有没有完全相同的作品？

通过比较，大家会很快得出结论：没有完全相同的作品。大家还会回答道：不可能出现完全相同的作品。

问题二，在纸张大小相同、培训师的指令也相同的情况下，为什么没有完全相同的作品出现？

通过讨论，员工会回答：

“因为大家的思维方法不同，所以，作品也会不同。”

“因为培训师给出的指令不具体，所以，出现相同作品是不可能的。”

“因为培训师要求大家独立完成游戏，不允许大家有任何反馈，也就不可能有完全相同的作品出现。”

……

至此，语言沟通的模式是什么，以及影响沟通的因素有哪些，便在员工的头脑中清晰起来（图 91）。

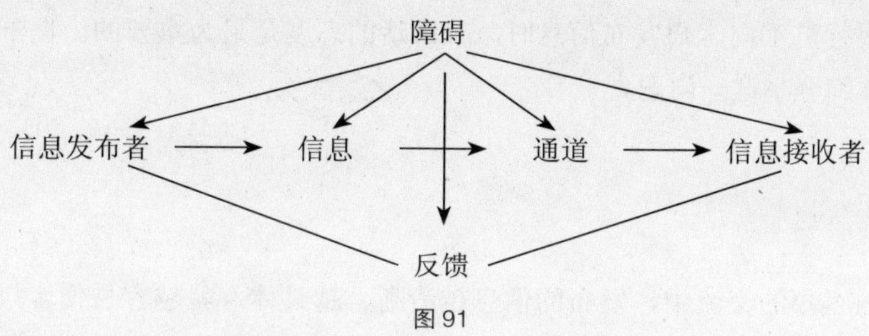

图 91

图 91 清晰地告诉我们，与客户沟通的成与败来自五个关键因素，即信息发布者、信息、通道、信息接收者以及反馈。

在上述游戏中，员工分析的很准确，之所以没有出现完全相同的作品，其障碍来自于下列几方面。

首先，培训师发出的信息“将纸对折三次”是比较模糊的，所以，员工会根据自己的理解完成折纸过程。对这一步理解和做法的不同，就导致了结果的不同。

第二，培训师要求大家将双眼闭上完成游戏，这种只是通过听觉通道接受信息的方式，造成了信息传递的失真。

第三，培训师要求大家“独立完成游戏”，这种单向沟通的交流一定会带来失败的结果。

第四，如同学员分析的那样，大家的思维方式、做事习惯会有差异，这也是造成结果不同的重要原因。

第五，培训师像机器人似的发布信息，也是造成信息失真的一个因素。

撕纸游戏给我们带来思考：在银行工作中，应以怎样的态度向客户发布信息？信息怎样组织才能便于客户理解？我们是否考虑了沟通通道对信息传递的直接影响？客户喜欢什么样的沟通方式？在与客户的交流中，我们是否重视了客户反馈这一重要因素？

为了保证沟通的质量，降低沟通的障碍，我们进行下列分享。

一、信息发布者

在银行员工与客户的语言交流中，信息发布者更多的是银行员工。因为客户所办理的各种业务往往是在银行员工的引导下完成的。当然，客户有时也会扮演信息发布者。

当银行员工向客户发布信息时，其讲话的态度是最为重要的。在下一节会与大家详细分享这一问题。

二、信息

在与客户的交流中，发布的信息越清晰、越具体，就越容易使客户理解和接受。

比如：柜面人员请客户在回单上签字时，给出的信息往往有这样几种：

第一，请在回单上签字。

我们发现，当客户对银行业务不很熟悉时，他会在整张回单上寻找签字的位置。所以，这种比较模糊的语言会给客户带来困惑，也会给沟通带来障碍。

第二，请在回单的右下角签字。

我们发现，此时客户将寻找签字位置的面积缩小了许多，但是，有没有更准确、更具体的描述方式呢？

第三，请您在回单的这个位置签字，柜面人员边说边用自己的手指向签字的位置。

这时我们发现，客户轻松地拿起笔，很快地将自己的名字签好了。

大家会感到，第三种交流方式是比较好的，这是因为我们给出的信息具体且清晰。

第三种做法告诉我们，所谓具体的、准确的语言应该是简洁的，客户听到后能很快清楚怎样行动的语言。

有经验的大堂经理在进行客户分流时，会选择追问到底的方式。

比如，大堂经理询问道：“先生，请问您办理什么业务？”

客户回答道：“我办理汇款业务。”

大堂经理继续问道："请问是办理异地汇款，还是本地汇款呢？"

……

大堂经理以这种追问的方式，使客户要办理的业务清晰、具体了起来，最终保证了分流是比较合理的。

三、通道

人与人之间交流的通道有五种，即视觉通道、听觉通道、触觉通道、嗅觉通道和味觉通道。

我们常用这样的问题和大家分享沟通通道的重要性。

问题：如果我们要与小学生分享有关西红柿的知识，你会选择什么样的分享方式？

大家会很快给出答案。

首先，给每个学生发一个西红柿。

第二，请学生回答西红柿的颜色、手感、气味、形状等问题。

第三，请学生吃西红柿，并回答西红柿的味道、西红柿的内部状态等。

我们之所以选择这样的分享方式，只有一个原因，这是学习效果最好的方式。这是将学生的学习通道全部利用起来的方式。

银行工作中，在与客户的沟通中，综合利用沟通通道同样会使交流产生好的效果。

很多大堂经理在解答客户的咨询，比如如何使用自助设备办理业务时，他们不但选择宣讲的方式，使客户通过听觉通道获得信息，还会边讲边将客户引导至自助设备前，帮助客户学会使用其办理业务。

那么，在这一过程中，我们综合使用了客户的哪些交流通道呢？

对，我们综合使用了客户的听觉、视觉和触觉通道。对自助设备的使用，单纯通过宣讲的方式，很难使客户比较好地掌握其使用方法。

记得在银行推广 POS 机的那段日子里，所有客户经理都会携带 POS 机拜见客户。当然，客户经理在解答咨询时，会习惯性地将相关资料送给客户。

这已不是简单的携带 POS 机、递送资料，而是客户经理懂得利用沟通通道的作用。

同样，柜面人员在遇到不清楚某一个字怎样写的客户时，会将这个字写出来并展示给客户，这是综合利用客户听觉和视觉通道的理性过程。

重视综合利用沟通通道，将促进我们与客户交流的效率与质量。

四、信息接收者

面对客户这一信息接收者，我们需要考虑适宜对方的交流手段是什么。

比如：当客户经理为客户提供了资料，请其通过阅读来自己解决问题，但客户对这种做法持反对态度时，客户经理就要思考，面前的客户有可能是一位听觉学习型的人，在可能的情况下，应尽量满足客户的需求。

比如：柜面人员在没收客户假币时，往往会遇到两类不同类型的客户。一类客户唯恐周围的人知道发生了什么状况，另一类客户则唯恐周围的人不清楚发生了什么状况。面对这两类客户我们必须选择不同的沟通方式。

在完成银行员工的礼仪培训时，我经常与大家共同分享下列故事。

案 例

一百多年以前，维也纳的某个剧院里发生了一件很有意思的事情。

当时的维也纳女士喜欢戴高顶帽子，喜欢到即使在观看演出时也不愿意摘掉它。坐在后面的观众意见很大，因为高帽子挡住了他们的视线。

很多观众找到院方反映情况，剧院负责人来到舞台上说道："请女士们将帽子脱下来。你们听到了吗？女士们，请你们将帽子脱下来！"他一遍又一遍地大声说着、喊着，急得满头大汗，可女士们就是不理睬他，他感到很尴尬，很无奈。

这时，他拍着自己的脑门，想到是不是自己的语言有问题？略作思考后他又说道："好，就这样吧，年纪大的、身体不好的女士就不必脱帽了，现在请年轻女士脱帽！"

话音刚落，剧场中所有女士都将帽子脱了下来。

这一故事告诉我们，提高自己沟通能力的途径是要站在信息接收者、客户的角度讲话。尤其是银行员工，讲话的目的是为了使客户行动，如果对方连听都听不进去，又如何能行动起来呢？

五、反馈

有经验的柜面人员、大堂经理以及客户经理，在与客户的交流中经常使用“我说明白了吗”的问句，以获得客户的反馈，以保证与客户的交流是通畅的。

除了使用询问的方式来获得客户反馈外，还可以通过客户的眼神、表情、肢体动作以及应答等来判断给出的信息是否被客户正确地接收了。

反馈应是双向的，当信息源是客户时，我们对其发布的信息要及时给予恰当的应答。应答的方式可以是语言的，比如“好的”、“我明白了”、“没有问题”等；也可以通过肢体动作表达，比如点头、微笑等。当然，将有声语言和肢体动作综合使用，将会使客户的情绪体验更加积极。

让我们通过下列案例，对这一节的内容做一小结。

案 例

员工面带微笑问候道：“先生您好！请问您办理什么业务？”

客户说道：“我要换印花税。”

员工回答道：“非常抱歉！负责换印花税的工作人员因公出去了，要二十分钟左右回来。”

客户说道：“要等这么长时间呀，我挺着急的。”

员工说道：“我给他打个电话，让他争取早些回来。您先填一下单子好吧，等他回来了马上为您办理业务。”

在员工的建议下，客户开始填单，等待负责印花税业务员工的归来，最终顺利完成了业务的办理。

在送别客户时，员工对客户的等待一边再次道歉，一边建议道：“先生，今后如办理印花税业务，您可以打个电话进行预约，我们会提前为您做好准备。”

客户听后连连点头，面带微笑地离开了营业厅。

作 业

1. 请回答影响沟通的因素是什么？你做得比较到位的是哪些？

2. 请谈一谈学习这一节的体会。

一颗心都不能少

在《成功之道全书》中，作者卡耐基讲了一个发生在自己身上的案例。

案　例

我向纽约某家饭店租用了一个大舞厅，每一季用 20 个晚上，用于举办一系列的讲座。

在某一季开始的时候，我突然接到通知，通知要求我付出比以前高出 3 倍的租金后才能继续使用。但是，在我得到这个消息之前，入场券已经印好发出去了，而且通告都已经公布了。

当然，我不想付这笔增加的租金，可是，我跟饭店的人谈论我不要什么，又有什么用呢？他们只对他们所要的感兴趣。几天之后，我决定去见饭店的经理。

我说道："收到你的信，我有点吃惊，但是我根本不怪你。如果我是你，我也可能发出类似的信。你身为饭店的经理，有责任尽可能地使收入增加。现在，我们拿出一张纸来，把租金提高后你可能得到的利弊列出来，如果你坚持要增加租金的话。"

然后，我取出一张纸，在中间划了一条垂线，在一边写上"利"，另一边写上"弊"。

我在"利"这边的下面写了这些文字："舞厅空下来"。接着我说："你有把舞厅租给别人开舞会或开大会的好处，因为像这类活动，比租给别人当讲课场地要增加不少收入。如果我把你的舞厅占用 20 个晚上来讲课，对你当然是一笔不小的损失。”

“现在，我们来考虑弊的一面。第一，你不能从我这儿增加收入。事实上，你将一点收入也没有，因为我无法支付你所要求的租金，我只好被逼到别的地方去开这些课。”

“你还有一个弊处，这些课程吸引了很多受过教育、水平很高的群众到你的饭店来。其实，他们的到来对你是一个很好的宣传。不是吗？事实上，如果你花费 5000 美元在报纸上登广告的话，也无法像我的课程这样，能吸引这么多的人来看看你的饭店。这对饭店来讲，不是价值很大吗？对不对？”

之后，我将纸递给饭店的经理说道：“我希望你考虑你可能得到的利弊，然后告诉我你最后的决定。”

第二天我收到一封信，通知我租金只涨 150%，而不是 300%。

卡耐基是成功的，他的成功来自于他的智慧，更来自于他的真诚。这种真诚体现在四方面。

一、尊重的心

卡耐基接到上调租金的通知后，并没有指责或批评对方的做法给自己带来了什么困难，而是认同了对方的做法。

他说道：“收到你的信，我有点吃惊，但是我根本不怪你。如果我是你，我也可能发出类似的信。你身为饭店的经理，有责任尽可能地使收入增加。”

尊重他人的意愿和做法，会给对方带来积极的情绪体验，也会使对方比较冷静地思考他人的困难和处境。

二、合作的心

面对饭店 300% 的上调租金，卡耐基并不是简单地向对方诉说自己的压力，而是通过对比的方式重点讲了饭店的赢利与损失。他让对方意识到，自己是真心想继续租用饭店的舞厅，只是从财力上负担不起。而且，卡耐基还向对方明确指出，参加活动的民众对饭店今后发展所带来的积极影响。卡耐基发自内心

的期待合作的一席话打动了饭店负责人。

三、赏识的心

天下最美丽的语言和思想是对他人的赞美和赏识，卡耐基的“如果我是你，我也可能发出类似的信。你身为饭店的经理，有责任尽可能地使收入增加。”会给饭店负责人内心带来很大的满足。

四、分享的心

在整个交流过程中，卡耐基在与对方分享着自己的智慧，分享着双方共赢的思想和做法，分享着美好的谈话过程。

以上“四心”是卡耐基打开对方心扉的心，是给对方带来美好体验的心，是使对方产生为卡耐基考虑的心。

卡耐基为银行员工做出了榜样，在与客户的交流中，这“四心”将使我们与客户建立良好的合作关系，这“四心”一颗都不能少。

很多银行员工的成功经验值得我们学习。

案　例

一位大堂经理问道：“女士，您好！我能为您做些什么？”

客户冷漠地说：“谢谢！不用了。”

但是，客户在等待10分钟后突然站了起来，并在大堂内焦急地走来走去。

大堂经理发现后，快步来到客户面前问道：“打扰您，是不是有什么急事？看我能为您做些什么？”

客户语速飞快地说道：“正在焖饭时突然没有电了，我就赶紧来你们银行买电，你们办理业务的速度太慢了，能不能手脚麻利点呀！”

大堂经理理解地说道：“我理解您的心情。谁遇到这样的事情都会着急的。请问您是用现金还是用银行卡呢？”

客户没好气地回答道：“用现金怎样？用卡又怎样？你好啰唆！”

大堂经理耐心地继续说道：“如果用卡办理业务，就不用排队等候了，在自助设备上就能解决问题。”

听到大堂经理的建议，客户的表情放松下来，她面带微笑地说道：“太好了！我有银行卡，可是我不会使用自助设备呀，你能帮帮我吗？”

在这一案例中，大堂经理始终保持一颗合作的、为客户解决问题的心，最终让客户满意而归。

一位柜面工作人员像对待家人那样对待自己的客户，他在尊重客户的同时也获得了对方的尊重。她说道：

案 例

工作中，我认识了一位儿子在国外念书的李阿姨。之后，每逢过年过节我都会把祝福通过短信发给她。到了阿姨生日的那一天，我还会亲自致电给她。

阿姨觉得自己被重视，她非常感动。于是，作为对我工作的支持，她把自己的所有存款都转到我所在的网点。

在一次偶然的谈话中，我知道李阿姨的儿子将在一个月后回国，为此我特意准备了一份礼物，并在她儿子回国前两天致电李阿姨前来银行取回保险的对账单，顺便把已经准备好的礼物请李阿姨代为转交她的儿子。

当阿姨拿到这份礼物时，表现得既惊喜又激动。

她觉得一个月以前的事情我还记在心上，从而对我很信任。至此李阿姨不但把她的朋友带到我行办理业务，还经常带她的儿子过来探望我。我觉得作为一名银行员工，在日常工作中要细心聆听客户的需求，记住客户的情况及喜好，让客户觉得被重视、被关心，这样才能从根本上留住客户，留住存款，才能从激烈的竞争中取得成功。

这名员工关注客户，将客户生活中所发生的事情记在心中，并通过一定的行动表达出来，给客户带来受到尊重以及被重视的情绪体验，最终使客户成为了网点的忠诚客户。

尊重的心、合作的心、赏识的心、分享的心。这“四心”指导我们与客户建立起长久的、相互信任的、相互支持的良好关系。

作业

1. 在与客户的交流中，为什么要坚持“四心”？

2. 在与客户的交流中，你认为可以和客户共同分享什么？

3. 工作中，你认为客户有哪些值得赏识的地方，你赏识客户了吗？

第三节 语气、语调、语速与态度

情绪型的客户遇到不愉快的事情时，会通过生硬的语气、高亢的语调并语速飞快地表达自己的态度，以此宣泄其不满情绪。

理智型的客户则相反，他们的情绪一般会比较稳定，即使是遇到不愉快的事情，其表现是语气比较柔和、语调比较适中且语速快慢有度。他们以此来表达自己的成熟、大方和智慧。

所以，语气、语调和语速并不是表面上的生硬、柔和与否，不是表面上的嗓门高与低，也不是说话速度的快与慢，而是人们对事物态度的一种表达。

在银行工作中，我们会通过客户的语气、语调以及语速判断其内心的需求、情绪的变化。其实，客户也会通过我们的语气、语调以及语速判断我们的情绪，并以此给出服务态度好与不好的评价。

比如，当我们语气生硬地指出客户的问题时，客户就会得出服务态度不好的结论。

比如，当我们讲话的速度过快时，客户就会认为我们不耐烦。而语速太慢时，客户会认为我们比较懈怠。

又比如，当用低沉语调讲话时，客户会认为我们在命令和质问他们。

由此可以看出，讲话时的语气、语调和语速相比语言内容本身，更能在客户面前展示出我们的内心世界，以及与他们交流时的态度。

一、语气的把握

怎样做才能使语气柔和呢？

通常情况下，讲话是在呼气而不是在吸气时完成的，吸气是在讲话停顿时进行的。

讲话时正确的呼吸方法，是采用胸腹联合呼吸法（也称丹田呼吸法），即运用小腹收缩、丹田的力量控制呼吸。郭兰英在谈到运用这种呼吸方法时说："唱歌时小肚子常是硬的，唱得越高就越硬。"

胸腹联合呼吸法介于胸式呼吸和腹式呼吸两者之间，是两者的结合。其具体方法如下：

（1）吸气。小腹向内，即向丹田收缩，大腹、胸、腰部同时向外扩展。前腹和后腰要有分别向前、后、左、右撑开的力量。用鼻吸气，做到快、静、深。此时，我们可以感觉到腰带有变紧的感觉。

（2）呼气。使小腹收紧，使胸、腹部在控制下，将肺部气体慢慢放出。呼气要用嘴，要做到匀、缓、稳。在呼气过程中，语音一个接一个地发出，组成有节奏的有声语言。

这种呼吸方法可以使腹部和丹田充满气息，为发音提供充足的"气"。同时，由于小腹向内收缩，胸前向外扩张，以小腹、后腰和后胸为支点，为发音提供了充足的"力"。"气"与"力"的融合，为优美声音奠定了坚实的基础。

可以借助以下方法进行呼吸的练习。

（1）闻花香。仿佛面前有一盆散发着香味的花儿，让自己深深地吸进香气，控制一会儿后再缓缓吐出。

（2）吹蜡烛。就是模拟吹灭生日蜡烛的动作。让自己深吸一口气后均匀缓慢地吹出，尽可能时间长一些，能达到 25 ～ 30 秒为合格。

（3）咬住牙。做法是深吸一口气后，让气从牙缝间在发出"呲……"的声音中吐出，力求平稳、均匀、持久。

（4）数数。从 1 数到 10，往复循环，一口气能数多少遍就数多少遍，做到数得清晰和响亮。

（5）绕口令。比如，出东门，过大桥，大桥底下一树枣儿，拿着杆子去打枣，青的多，红的少。一个枣儿，两个枣儿，三个枣儿，四个枣儿，五个枣儿，六个枣儿，七个枣儿，八个枣儿，九个枣儿，十个枣儿……

开始做绕口令练习时，中间可以适当换气，练到气息有了控制能力时，逐

渐减少换气次数，最后要争取一口气说完，甚至多说几个枣儿。

在讲话过程中，要处理好讲与呼吸的关系，可进行如下尝试。

（1）要尽可能轻松自如，吸气要迅速，呼气要缓慢、均匀，吸入的气量要适中。

（2）要尽可能在讲话中的自然停顿处换气，不要等讲完一个长句才大呼大吸，这样会显得讲话很吃力。

（3）要使讲话时的姿势有利于呼吸。不论选择站立还是落座，都要抬头、舒肩、展背，胸部要稍向前倾，小腹自然内收。这样才能使语言产生甜美、柔和的感觉。

二、语调的把握

在与客户的交往中，应根据对象的不同、事情的不同、场合的不同，合理地把握语调。

（1）与客户交往中常用的“十一字”文明用语，在使用时存在着降调和升调两种情况。

比如，用升调的方法完成“您好”、“再见”中的“好”和“见”，会给客户带来真诚、热情的感觉。相反，如果使用降调的方法，就会给对方带来敷衍、冷淡的感觉。

比如，用升调的方法完成“对不起”中的“起”字，会给客户带来讽刺的感觉。相反，使用降调的方法则比较恰当。

在“十一字”文明用语中，除“对不起”以外，请、您、您好、谢谢、再见，一般情况下都需要使用升调法完成。

（2）面对不同的场合，要讲究语言的声调。大堂经理在制止客户的过激行为时，使用降调的方法能比较好地强化语言的权威性。而客户经理在上门拜访客户时，使用升调的语言方式则会给客户带来温暖、舒适的感觉。

（3）面对不同的事情，要讲究语言的声调。在与客户的交谈中，当谈到不愉快的事情时，语调降低会使对方产生好感，因为，这是理解他人的表现。在对方谈到愉快的事情时，选择升调的方法进行肯定或应答，会使对方得到鼓舞。

三、语速的把握

下面这篇短文大家一定会感觉很熟悉，在本章的第一节中，我们曾通过分

享它得出了站在客户的角度讲话的重要性。其实，这篇短文也是社会礼仪培训中常用以训练学员语速标准的范文。

来，让我们看看自己的语速是否恰当，请大家用 60 秒的时间朗读下列短文。

案 例

一百多年以前，维也纳的某个剧院里发生了一件很有意思的事情。

当时的维也纳女士喜欢戴高顶帽子，喜欢到即使在观看演出时也不愿意摘掉它，致使坐在后面的观众意见很大，因为高帽子挡住了他们的视线。

很多观众找到院方反映情况，剧院负责人到舞台上说道：“请女士们将帽子脱下来。你们听到了吗？女士们，请你们将帽子脱下来！”他一遍又一遍地大声说着、喊着，急得满头大汗，可女士们就是不理睬他，他感到很尴尬，很无奈。

这时，他拍着自己的脑门，想到是不是自己的语言有问题？略作思考后他又说道：“好，就这样吧，年纪大的、身体不好的女士就不必脱帽了，现在请年轻女士脱帽！”

话音刚落，剧场中所有的女士都将帽子脱了下来。

通过朗读，你一定清楚了自己的语速是否标准。那么，再请大家分别用 40 秒和 80 秒的时间重新朗读上文，并体会不同语速会对客户带来什么影响。

在培训中，面对上述问题学员们讲道：“当听到用 80 秒朗读这篇短文时，让我觉得透不过气来，感觉憋得慌。”

学员还讲道：“用 40 秒朗读这篇短文时，我觉得紧张，因为有跟不上节奏的感觉。还是用 60 秒朗读比较好，不但听得清楚，还能感觉很轻松。”

在银行工作中，我们还要学会针对不同的人、不同的事情，灵活把握语速。

比如，对年事已高的老人、对专业性比较强的问题的解答，要将语速放慢些。而面对年轻人、面对比较简单问题的解答，语速则可以快一些。

作 业

1. 请朗读本节中语速练习的短文，通过计时检查自己的语速习惯，并进行

合理的调整。

2. 请在银行工作中，关注语调、语气和语速给客户带来的影响，并灵活把握语气、语调和语速的运用。

第四节 “两步法”处理客户异议

“你们电汇的手续费怎么这么高呀？”

“我取自己的钱，为什么还要出示身份证，你们怎么这么多事呀？”

“你为什么推荐这个产品？它安全吗？”

……

在银行工作中，不论是柜面人员、大堂经理还是客户经理，会经常听到客户类似这样的异议。

如果异议处理得比较好，可以使异议得到化解；如果处理得不好，会使异议扩大，甚至还会升级为客户投诉。

一位柜面人员在处理客户异议时遇到了如下尴尬，他叙述道：

案　例

一位女客户来办理业务，在第一次输入密码时出现了错误。

我提醒她：“请再次输入密码。”

客户一边不情愿地唠叨着：“干吗还要再输一次呀？真烦人！”一边第二次输入了密码。

可是，密码输入还是错误的，所以，我认真地再次提醒道：“您输入的密码还是错误的，如果您第三次输入还出现错误，您今天就没有办法办理业务，只能等到一周后再来办理业务了。”

没有想到的是，客户非常气愤，她指着我的鼻子喊道：“都赖你！如果不是你，我怎么可能总是输错密码呢。如果你今天给我办不成业务，我就去投诉你！”

那么，在工作中，怎样避免这种尴尬的发生？怎样使客户的异议得到比较好的处理？

在这一节中，将与大家分享处理异议的程序、客户提出异议时的情绪状态分析、处理异议时须注意的问题。

一、处理客户异议的程序

首先分享客户提出异议时，比较有经验的银行员工是怎样做的。

案 例

一位员工面向客户说道：“我理解您的意思。我行电汇产品手续费不高，相对于大额取现来说，还可以避免不必要的风险。”

另一位员工面向客户说道：“我非常理解您这种感觉。如果是我遇到这种问题也会很着急。但是，出示证件是为了客户的资金安全，麻烦您配合一下好吧？”

第三位员工面向客户说道：“我非常理解您对安全问题的考虑。这正是我向您推荐这个产品的原因，这个产品得到了专业机构的认证。到目前为止，办理这项业务的（绝大多数）客户都非常满意，我们员工也有很多人办理了这项业务，还没有出现过安全问题。”

通过三位员工处理客户异议时的做法，大家肯定发现了其中相似的内容。

“我理解您的意思。”

“我非常理解您这种感觉。如果是我遇到这种问题也会很着急。”

“我非常理解您对安全问题的考虑。”

三位员工在处理客户异议时，并没有急于对实质问题给出解释或提出解决问题的建议，而是首先对客户异议表示理解和认同，之后，再给出解释或提出解决问题的建议。

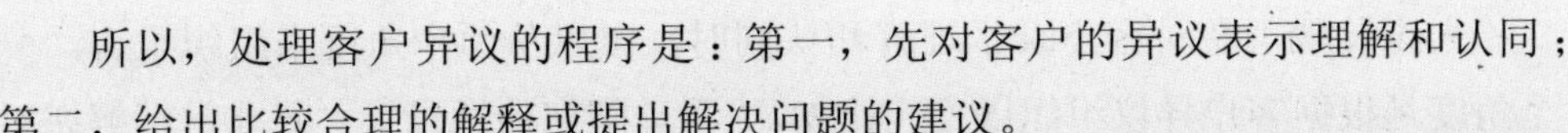

所以，处理客户异议的程序是：第一，先对客户的异议表示理解和认同；第二，给出比较合理的解释或提出解决问题的建议。

相信，在大堂经理处理因等待时间较长而吵闹的客户的异议时，如果能很好地对客户的情绪进行安抚，而不是找客观原因，问题就会得到比较好的解决。

二、重视客户的情绪体验

以往处理客户异议时，常会直接进入解决实质问题这一环节。现在，期待大家增加对客户异议首先表示理解和认同这一环节。你也许会问："有必要这样做吗？"

现在来分析一下，客户提出异议时的情绪状态是怎样的。

首先，假设自己是一名办理业务的客户，在银行等待了 40 分钟后还没有机会到窗口办理业务。此时，我们的情绪是什么状态？

再假设听到叫号器呼唤自己，头脑中满是"真不容易，等了漫长的 40 分钟，可轮到我办理业务了"的想法，来到窗口办理业务时，临柜人员要求出示身份证，而自己又没有随身携带身份证时，我们的情绪状态是怎样的？

我想，大家的回答会是一致的，我们的情绪状态一定是糟糕的、负面的，甚至是气愤的。

情绪往往会指挥人们做出这样或那样的行动，所以，我们或许也会像客户那样，以提出异议的方式让自己的情绪得到发泄和平衡，以提出异议的方式期待问题能得到解决。

我们还十分清楚，多数人在情绪比较糟糕时，是无法接受对方的建议的，哪怕这个建议是积极的、建设性的。这就像人们日常所比喻的，当一个人的情绪糟糕时，吃什么样的美食也会味同嚼蜡。所以，提出异议客户的内心需求首先是情绪的安抚。

对客户的异议表示理解和认同，是安抚客户情绪比较简洁、具有实效性的方法。

现在再来分析上述三位员工的经验。

"我理解您的意思。"

"我非常理解您这种感觉。如果是我遇到这种问题也会很着急。"

"我非常理解您对安全问题的考虑。"

大家发现，在对客户表示理解和认同时，可以从两个角度来组织语言。一个角度是根据客户异议组织语言。比如，“我理解您的意思”、“我非常理解您对安全问题的考虑”。这种根据客户异议组织语言的做法，会使客户感觉比较亲切，无形中会使客户的情绪得到放松。

另一个角度是根据客户的情绪组织语言。比如，“我非常理解您这种感觉。如果是我遇到这种问题也会很着急。”这种感同身受的做法，同样会给客户带来情绪的放松。

下面分享一个处理客户异议的成功案例。

案　例

客户大声喊道：“有你们这样的吗？怎么不早说呀！”

大堂经理听到喊声，马上来到客户面前说道：“先生，我是大堂经理……”客户回头看了一眼后说道：“我不跟你说话，把你们领导给我喊来。”

大堂经理应答道：“好的，我马上去找领导。不过，您不介意我先给您安排个座位吧。来，这边请。”

客户一边嘟囔着“我就得找你们领导说话”，一边随着大堂经理来到房间。大堂经理为客户安排了座位，并为客户送上一杯茶和一份报纸后离开了。

八九分钟后，大堂经理回到客户面前，认真地说道：“……”

人们会问：

“客户为什么能比较顺从地听从大堂经理的‘隔离令’？”

“大堂经理在离开的八九分钟内做了些什么？”

“客户的问题是怎样解决的？”

问题的答案是：

因为大堂经理认同了客户的要求，所以，客户会给出听从的行为。

大堂经理离开的八九分钟，是使客户的情绪逐渐平静下来的八九分钟。因为，在房间内只有客户没有听众时，客户不会再大吵大闹。

当客户的情绪平静下来时，问题就会得到比较好的解决。

根据以上案例，可以将处理异议的程序描述为：先处理心情，再处理事情。

三、处理客户异议须注意的问题

1. 认同客户与赞同客户的区别

在处理客户异议时，表示理解和认同，往往会演变为理解和赞同。但是，赞同客户的某些异议，会给工作带来被动局面。

比如客户说道："我觉得这个产品不太划算。"面对这一异议，客户经理有下列两种表达。

一种是："您说得对，是不太划算。"

另一种是："您是说这个产品不太划算，是吧？"

很明显，第一种说法是赞同对方的异议，第二种说法是通过询问，表示我们听明白了客户的意思，这是认同的含义。

第一种"您说得对，是不太划算"，容易让客户产生"为什么给我推销不划算的产品"的异议。

所以，在处理客户异议时，一定要分清认同和赞同的本质区别，以使异议的处理过程比较顺利。

2. 耐心与沟通技巧的综合使用

下面的对话来自某银行大堂经理综合技能提升课程中，学员进行异议处理角色扮演的片段。由一名学员扮演客户，另一名学员扮演大堂经理（目前，很多银行根据客户的需求，已经改善了境外汇款填单的方式。但下列对话对于处理客户异议还是具有很好的指导意义）。

案　例

客户说道："境外汇款填的单子真麻烦！"

大堂经理笑着说道："非常抱歉！其他客户也有这种反映。"

客户又说道："那么多客户有反映，你们为什么不解决呢？"

大堂经理笑着回答："我明白您的意思，和上级领导已经做了汇报，在抓紧想办法解决。"

客户不依不饶地说道："你说你汇报了，你说在想办法，谁知道是真的还是假的！"

大堂经理继续笑着回答道："先生，我非常理解每次境外汇款填单给您带来的麻烦。您看，尽管填单很麻烦，可是您每次都能准确完成。”

客户听到这里也笑了起来，他说道：“不说了，不说了，我也不想给你添麻烦，你们要真的抓紧想办法啊。”

从这一对话中可以发现，在处理异议的过程中，客户在没有得到期待的答案时，会提出新的异议。这需要我们在处理异议时有耐心，要禁得住客户一而再、再而三地提出异议。对客户提出的新异议，应遵循“先处理心情，再处理事情”的程序进行。

在处理客户的异议时，还应综合使用与客户沟通的技巧。在上述对话中，大堂经理处理异议的程序不但运用得很自然、很熟练，而且他还使用了赏识客户的技巧，最终使异议得到了圆满解决。

作　业

1. 请对日常工作中客户提出的异议进行归纳、分类，并尝试用“两步法”处理这些异议。

2. 请分别用理解和认同的方法，处理“我为什么不能到 VIP 窗口办理业务”这一客户异议。

第五节

“一句话”的赞扬

案例

有一个很有意思的笑话，讲的是一位厨师给顾客烧制的烤鸭从来就只有一条鸭腿。尽管顾客经常提出意见，领导也多次与这位厨师谈话，还是无济于事，厨师总是理直气壮地讲：“鸭子就是只有一条腿。”

一天，领导请这位厨师到养鸭场参观，他要用事实告诉厨师，鸭子有两条腿。

到了养鸭场，还没等领导开口，厨师就指着那些在单腿独立，很惬意地休息的鸭群对领导说道：“你看，你看！我没有说错吧，这些鸭子就是只有一条腿。”

领导听后看着厨师笑了笑，之后，举起双手用力鼓起掌来。只见那些受到掌声惊吓、单腿站立的鸭子纷纷跑了起来。

领导很得意地说：“你还有什么可说的？鸭子就是有两条腿嘛。”

厨师不示弱，反问道：“领导，您没有鼓掌时，鸭子是几条腿？”

听到厨师的话，领导突然明白了，厨师的意思是：自己每天工作很辛苦，希望得到领导的赞扬和掌声。

确实，使一个人发挥最大潜能的好方法是给予赞扬和鼓励。美国哲学家约翰·杜威讲，人类天性中最深切的动力是“做个重要人物的欲望”。美国心理学家弗洛伊德也讲到，我们做任何事，都起自两种欲望，其中一种是“做伟人的

欲望”。

任何人都希望自己是不平凡的，都希望自己能行，而且能引起他人的重视。

案　例

一位柜面人员在看到前来办理业务的老人出示的身份证时，发现老人虽然年事已高，精神状态却非常好，他马上赞扬道："您真不像这个年龄的人。"老人听后，开心地笑着说道："好多人都说我显得很年轻。"

一、赞扬客户的注意事项

赞扬是银行工作中调节客户情绪，改善与客户的关系，加强双方合作的重要交往手段。赞扬客户时，应注意三方面问题。

1. 赞扬客户要实事求是

实事求是指不浮夸，不吹捧。比如，当某些客户对银行业务略知一二时，可以夸赞对方道“您很熟悉银行的业务”，客户会因这种肯定和赞扬而得到鼓舞。但是，如果称赞对方道："您简直就是一个银行专家"，这种夸赞很容易使客户产生困惑，客户甚至还会产生被奚落的感觉。

2. 赞扬客户要发自内心

真诚的赞扬应该是发自内心的欣赏和喜欢。所以，要满腔热情，发自内心地赞扬对方。那种虚伪的奉承，甚至吹吹拍拍等做法都是应杜绝的。只有正大光明地赞美他人，才能发挥赞扬的积极作用。

3. 赞扬客户要因人而异

赞扬客户要因人而异，是指针对不同的对象选择不同的内容和语气。

在银行工作中，面对德高望重的年长者，要用尊重的口气；面对年轻人，语气上可以稍带些夸张；对有疑虑心理的客户，应尽量将话讲得很明确；对思维敏捷的人则要直截了当。

赞扬的内容要因人而异。如果面对女士，则要针对女士的心理需求，赞扬对方年轻、漂亮、有气质等；面对男士时，要将对方比较风趣、幽默以及事业有成作为重要内容；老年人乐于接受肯定自己经验丰富、有所造就等方

面的赞扬。

赞扬客户时，还要考虑到，由于每个人的追求不同、爱好不同、兴趣不同，赞扬时也要因人而异。比如，同样是老年人，有的老人喜欢听到身体很健康的赞扬，有的老人则喜欢听到德高望重的赞扬。如果能了解不同人的心理需求，给出对方期待得到的赞扬，就会收到更好的效果。

二、赞扬的准备与随机性

在银行工作中，赞扬可以是随机进行的，也可以是有准备的。

随机赞扬一般是在交流中发现他人值得赞扬的行为，选择恰当的语言说出来。

比如，工作中如果发现客户签字很工整时，就赞扬道："您的字很漂亮。"这种随机的、简短的赞扬能起到很好的效果。

又比如，客户经理在谈判的场合，如果发现对方语言能力很强，可以赞扬道："您的语言能力让人钦佩。"

有准备的赞扬，往往是在了解他人的价值取向，以及了解他人长处的基础上的赞扬。

比如，当一位女士带着孩子来办理业务时，赞扬孩子比赞扬女士的效果要好很多。

比如，当一位教师来办理业务时，赞扬对方从事的是让人尊重的职业，会使对方产生愉悦的情绪。

三、适宜银行的"一句话"赞扬

节奏快是银行工作的特征之一。那么，既不影响工作节奏，又能恰当地夸赞客户的好方法是什么呢？

记得在一次培训中，一位对公柜面人员讲道："一名企业的会计来办理业务，她出示的材料齐全，印鉴也非常清晰。所以，我看着她说道'您真细心'。对方听后笑着说'谢谢你，应该的'。结果，在此后的交往中，这位会计从未出现过丢三落四的情况。"

这位对公柜面人员的一个短句"您真细心"，是具有即时性的，所以，它让客户觉得很自然，很舒适。一个短句"您真细心"是简洁的，不但起到了点到为止的作用，还能够使我们便于操作。

所以，可以选择这种“一句话赞扬”的赏识客户方式。

“您的字写得好。”

“您的声音很好听。”

“您对银行业务很熟悉。”

“您的气色真好。”

“您的身体真好。”

……

赞扬他人应该形成一种习惯和生活方式。这种习惯和生活方式不单纯针对客户，还应该针对自己的同事、家人等。

赞扬，面对客户，可以起到建立良好关系，获得客户支持的作用。赞扬，面对同事，可以起到增强信心、积极向上的作用。赞扬，面对集体，可以起到促进团队建设的作用。赞扬，对于社会，可以起到获得社会各界支持的作用。

作 业

1.举例说明银行交往中赞扬的重要性。

2.请每天提醒自己，在与客户及他人的交往中发现他人的长处，并讲给对方听。

第六节

说服客户重在氛围

案　例

孟子是一位很有智慧的人。一天，怀有称霸天下野心的齐宣王问孟子："像我这样的人能不能统一天下？"

孟子深知当时齐国人民生活的困苦，他决定说服齐宣王收回这一想法。他看着齐宣王不动声色地说道："在我回答大王的这个问题之前，我想先问大王一件事，可以吗？"

"是什么事？"齐宣王好奇地问道。

"在新钟铸成准备杀牛祭钟时，您因为不忍心看到牛无辜被杀，便予以制止，这是真的吗？"

齐宣王听后很是高兴，连连点头，他为自己做了这件善事而得意，也为孟子没有忘记这件事而高兴。

孟子继续说道："大王，凭你这副慈善心肠，是可以行王道、统一天下的，就看您肯不肯这样做了。比如有人说：'我力能举起千斤东西，但是却举不起一根羽毛。眼睛能看得清毫毛，但是却看不见满车的柴火。'您相信这话是真的吗？"

齐宣王脱口而出："我怎么能相信这种话呢？"

孟子笑着说道："这就对啦！所以如果有人说，大王您能用好心对待牛，却不能用这种好心去爱护百姓，这也同样叫人不能相信。现在，老百姓之所以流离失所不能安居乐业，这是您不去关心他们的缘故。所以我说，您能统一天下，是您不干，不是不能啊！”

齐宣王听后，欣然接受了孟子的建议。

孟子是智慧的，他的夸赞使齐宣王得到了好心情，之后，他又通过讲事实和作对比的方法说服了齐宣王。

在银行工作中，与客户交谈的目的是为了互相了解、增进感情、达成共识。交谈中，当对方不接受自己的主张时，应选择积极的方法说服对方。

建议大家通过情感投入法、事实法和对比法说服客户。

一、用情感投入法说服客户

先来分享发生在某银行网点的一个案例，案例的主人公是银行的一名柜面人员。

案　例

某银行网点9点准时开门营业，一名客户听到叫号后来到柜面办理业务。

柜面人员面带笑容地询问道：“先生，您好！请坐！请问您办理什么业务？”

客户将厚厚的一沓百元现钞递给柜面人员并说道：“换零钱。我要换×××张五块的，×××张两块的，×××张一块的……”

听到这里，柜面人员打断客户的话说道：“对不起！先生，打断您一下好吗？一看就知道您是一个买卖人，如果我没有说错的话，您的买卖做得还很好。”

客户插话说道：“买卖做得还行吧，要不干吗换这么多零钱呢。”

柜面人员继续问道：“您大约几天就要换一次零钱呢？”

客户回答道：“十来天就要换一次吧。”

柜面人员听到后，心里有了主张，她说道：“先生，我之所以问您几天换一次零钱，是担心耽误您使用。因为银行每天准备的零钞有一定的额度。看到您这厚厚的一沓钱，我估计给您换了零后，其他客户如果要换零钱，就很困难了。”

客户听到这里说道：“我明白你的意思，你争取多换给我一些吧。”

柜面人员马上应答道：“非常感谢您的理解和支持！您下次来换零钱之前先

打一下电话，银行就能将您要换的零钱提前准备好。”

客户说道：“好吧。”

可以发现，在这一案例中客户的实际问题并没有得到彻底解决。但是，客户却比较满意地接受了柜面人员的建议。是柜面人员对客户处理问题的态度和方法打动了客户，是柜面人员的真诚打动了客户。

所以，在说服客户时，真诚地站在对方的角度思考，以情动人是我们始终要坚持的做法。

二、用事实法说服客户

在银行工作中，客户总是期待等待的时间短些，再短些。

所以，客户对大额存款填单总是抱怨“太麻烦”，普通客户对银行开辟VIP窗口、VIP客户可以先办理业务意见很大。当然，客户还有很多其他意见。

但是，有经验的大堂经理和柜面人员能比较巧妙地处理这些问题。

面对大额存款又不愿意填单的客户，大堂经理会解释道：“填单确实给您带来了麻烦，但它却给您带来了资金安全的保障。”

案　例

一次，一位客户找到大堂经理，生气地说道：“等了很长时间也没听到叫我的号，可是，比我晚来的人都已经办完业务走了。他们VIP是人，我们就不是人啦！”

大堂经理听后说道：“其实，如果是我来办理业务，我也希望等待的时间越短越好，我非常理解您。银行之所以开通VIP窗口，其中的一个原因是这些客户的业务往往会比较复杂，如果让他们和大家一起办理业务，会让后边的客户等待更长的时间，所以，为了不让其影响更多的人，当然还有您，才开辟了针对他们的专用窗口。”

其实，银行的任何规则，其背后都有客观原因的支持。在说服客户时告之对方原因，比告之对方结论更为重要。这需要我们深入理解和重视规则背后的原因。

三、用对比法说服客户

在银行礼仪培训中，曾通过情景演练组织员工说服一位“只喝白开水，不喝茶水”的人接受茶水，并建议员工采用通过对比说服他人的技巧。

现在，用表格的形式完成茶水与白开水的组成及功效的对比。

茶水	组成	水	茶多酚	维生素	碱类（茶碱等）
	功效	解渴等	杀菌、抗肿瘤等	美容、提高人体免疫力等	醒脑提神等
白开水	组成	水	无	无	无
	功效	解渴等	无	无	无

通过对比可以使拒绝茶水的人感觉到，自己的思路和做法有偏差和漏洞，这种方法能使他人在对比中权衡利弊，最后放弃自己的观点，改变自己的行为。

运用说服的技巧时，要注意了解客户的感受，设身处地为对方着想，这样才容易打动客户。

说服客户时语言要明确、神情要平和、语气要和蔼。要善于开导和启发，要讲究方式方法。

不论是使用说事实，还是通过作对比的方式说服客户，都需要情感投入方法的综合使用。在任何说服工作中，客户只有在心情比较积极的情况下才有可能接受我们的建议。

重视营造说服客户的氛围是说服客户的关键。

作 业

1. 寻找自己在银行工作中说服客户时做得比较好的地方，并坚持下去。

2. 找出自己在银行工作中经常使用的结论式的语言，再找到此结论的根据是什么，并用于与客户交流的过程之中。

第七节

没有伤害的拒绝方法

在银行工作中，当满怀期待地向客户提出一个建议时，如果得到生硬的拒绝，我们的情绪会受到一定的影响，甚至会产生备受打击的心理。

同样，当我们比较生硬地拒绝客户时，客户的情绪体验和我们是一样的。

拒绝客户提出的超出了权限的要求是必须坚持的原则，这是对的。而在拒绝过程中不伤害客户或降低这种伤害，是必须思考和解决的问题。

首先看一段对话，再通过其找到拒绝客户的好方法。

案　例

甲：最近天气很好，明天我们去逛街好不好？

乙：这个建议不错，我很长时间没去逛街了！

甲：那太好啦！

乙：不凑巧的是，明天我已经有了安排。

甲：（皱着眉头，没有应答，一副很失望的样子）

乙：你看我们这样安排可以吗？下周你哪天方便，我们一起去逛街。

甲：也好，那就定在下周吧。

在上面的对话中，乙用比较委婉的方法拒绝了甲的邀请，他选择的方法有以下三种。

一、说明拒绝原因，取得对方谅解

从上面的对话中可以看到，乙并不是用很生硬的“不行”、“我没有时间”来拒绝甲的，而是以“已经有了安排”为由拒绝了甲的邀请。

拒绝对方总是有原因的，可以将拒绝的原因讲述给对方，这样能较好地取得他人的谅解。

案　例

20世纪60年代末，一个阿尔巴尼亚的政府代表团访华，他们提出了一个庞大的要求中国援助的项目清单。当周恩来总理非常委婉地拒绝这一中国难以承受的援助时，对方很不理解，他们认为中国是个大国，这点援助算不了什么，这使双方的会谈陷入了僵局。在这种情况下，周恩来建议暂时休会，次日陪他们去看看中国农村的现状。

当天下午，周恩来召开有关部门参加的会议。周恩来说道：“明天我陪他们（指阿尔巴尼亚客人）去大寨参观。”并特别叮嘱，不要让当地的接待部门不切实际地用山珍海味来款待客人，而要让他们尝尝中国农民日常吃的粗粮，比如窝头、老玉米、小米粥等，有一两个肉菜就够了。

第二天上午，周恩来陪外宾乘直升机到了大寨。参观结束后，周恩来同外宾入席就餐，看着一桌简朴的饭菜，周恩来说道：“今天，大寨人为了招待大家，增加了一两个菜，平时他们吃的比这简单多了。”他还说道：“我们国家虽然比你们的大，但也存在许多困难，我们的农民生活很贫困，恐怕还比不上你们。我们给你们的援助是勒紧我们的裤带挤出来的。”

次日，在双方继续会谈时，阿尔巴尼亚负责人表示，他们理解了周恩来拒绝他们的理由，并且当即表示愿意收回最初的要求。

二、先肯定对方，后拒绝对方

乙在拒绝甲之前，首先肯定了甲提出了一个自己很喜欢的建议，甲在得到对方认同后会获得好的心情。这样做会使甲的负面情绪降低一些。

卡耐基在《成功之道》一书中写道："人际交往中，当给一个人吃一颗药之前，要先给他吃一颗糖。这样做，对方对苦的感觉会降低。"

在银行工作中，客户经理在拒绝客户的要求时，应巧妙地使用这种方法。

比如，当银行推出的产品，其优惠期已过，客户又期待获得优惠时，客户经理会选择这样的语言方式："感谢您喜欢和支持这一优惠活动，如果这个活动没有结束就好了。不过，今后类似的活动一定还会有的，如果您方便留下电话号码，到时我会提前通知您的。"

在银行工作中，大堂经理在拒绝客户的要求时，会巧妙地使用这种方法。

比如，面对已过下班时间赶来办理业务的客户，他们会巧妙地说道："阿姨！辛苦您了，已经过了下班时间，麻烦您明天来办理业务好吗？谢谢您啦！"

在银行工作中，柜面人员在拒绝客户的要求时，也会巧妙地使用这种方法。

比如，面对大额取现却没有携带身份证的客户，柜面人员会耐心地说道："您等了这么长时间，现在还要让您回家去取身份证，实在不好意思啊。"

三、提出合理建议，表达真诚态度

前例中，乙的拒绝是负责任的、真诚的。在自己没有办法接受甲的邀请时，他并没有选择简单的拒绝，而是提出了"下周你哪天方便，我们一起去"的建议，这样就能很好地避免甲出现挫折感。

银行工作中，在维护集体利益时，不但要坚持原则，还要在可能的情况下给客户以建议，真诚地想办法帮助对方。

比如，柜面人员在办理客户没有携带证件的大额取现业务时，会根据情况为客户提出下列建议："您先在柜面取一部分，再在自助设备上取一部分。"

在银行工作中，还会遇到一些不便直接表态的难题。除了以上三种拒绝他人的方法外，还可以使用转移和回避矛盾的方法来巧妙拒绝客户。周恩来总理是一位伟大的外交家，是我们学习的榜样。

案 例

在一次记者招待会上，一位西方记者问周恩来总理："周总理，请问贵国国库有多大实力？"

周总理想了想说道："这个问题提得好，我们的国库中一共有18块8毛8的实力。"

听到周总理的回答，在场的所有记者都大眼瞪小眼的，他们不明白周总理这是什么意思。通过解释记者们明白了，周总理的意思是：当时人民币的面值，以元为单位的相加正好是18元，以角为单位的相加是8毛，以分为单位的相加是8分。

当客户提出比较棘手的问题时，可以采用这样避实就虚、答非所问的方法。这样既能维护银行的利益，也能让对方比较乐于接受。

作 业

1. 为什么要讲究拒绝客户的技巧？

2. 请尝试使用先肯定、后否定，说明原因、得到谅解，提出建议、给予帮助，转移话题、回避矛盾这四种方法，完成对客户超出权限需求的拒绝（客户需求自选）。

第八节 分层梳理及语言优化技巧

当我们的语言具有条理性时，不但可以使传递的信息正确无误，还可以给客户带来舒适的感觉，甚至客户还会认为我们具有语言才能。

怎样做才能使自己的语言具有条理性呢？

一、分层梳理就有条理

先来分享下面这段文字。

案 例

某天上午，我接到一个电话，是我行对公客户 ×× 影视传媒控股公司 × 书记打来的。他说一年前在我行开通了个人网银，现在首次使用，发现无法进入网页进行操作，希望我有时间帮忙解决一下。

电话挂断以后我想到，一位领导如果有银行方面的问题，一般会通知秘书或财务部人员联系我们，现在领导直接打来电话，这说明此事很紧急。

所以，当天下午我就到他的办公室处理这个问题，结果我发现他的个人网银确实存在自动弹出网页问题。随后，我抓紧咨询了支行个人金融部，但没有马上找到解决问题的办法。

之后，我安排专人专门窗口为对方重新开通了新的网银，并且通过这次难得的机会向 × 书记引见了我行的行长，两人谈得很投机，还谈到了银企合作的相关事宜。

通过一桩小小的私人业务，我们让客户体验到了银行贴心的服务，加深了中国银行在客户心目中的良好印象。

从那以后，×× 影视传媒控股公司特意在我行新开了一个专用账户，每月将 ××× 万元广告费收入归集到我行；该公司就几亿元的 ×× 影视基地项目向我行提出了贷款需求；另外，其下属 ×× 领航公司因拍剧需要，向我行申请了 ××× 万元的资金贷款……银企合作关系渐渐地加深了。

请大家通过思考，分析上面这段话包含几方面内容。

可以发现，上面这段话包含了三方面的内容。

第一，发生了什么事情。

第二，处理的方法是什么。

第三，结果是什么。

上面这段话在叙述的过程中，如果在每部分内容前增加第一、第二、第三这些简单的词语，无疑会使听者产生条理清晰的感觉。

在与客户的交流中，如果要阐述的内容、观点或程序在两个以上时，大家应使用上述语言方式。还可以用首先、其次、再次等。

除此之外，在银行工作中如果对常用的某些语言进行比较科学、合理的优化，会提高交流质量。

二、讲究语言的优化技巧

有两类语言是容易给客户带来负面情绪体验的。一类是命令式的语言，比如机器坏了，等会儿！另一类是否定式的语言，比如你的单据填错了。

1. 优化命令式语言

“机器坏了，等会儿！”容易让客户产生什么想法呢？

客户会想：“好不容易听到叫我的号码了，电脑又出现了问题，真烦！”

客户会想：“什么意思，难道我就该等着吗？”

客户还会想：“这明明是等也得等，不等也得等的意思吗？这也太不讲理了。”

在这种思想的支配下，客户往往会下意识地出现过激的语言和行为。

为了防止这种现象的发生，期待大家选择另一种语言方式。

比如将“机器坏了，等会儿”转变为“非常抱歉！机器坏了，请稍等好吧。”

可以发现，命令式语言在附加了致歉式的语言后，会给他人带来比较愉快的心情。这种愉快心情的营造，使命令式语言降低了相互之间的对抗性。

还会发现，命令式语言在附加了商量式的用语后，会给对方带来比较温馨的情绪体验，这种体验不但使对方乐于接受我们，还能使对方接受我们的建议。

应将工作中可能出现的命令式语言进行归纳，之后，将它们转为上述语言方式。

2. 优化否定式语言

除了“你的单据填错了”之外，工作中否定式的句子还有许多。

比如：你听错了。

你的密码输错了。

你不能在这个窗口办理业务。

你拿错证件了。

你签字的位置是错误的。

……

相信，多数客户听到否定式的语言，心情都会受到影响。

尝试着将这些否定式句子转化为肯定式的句子。

比如，将“你拿错证件了”转为“请出示您的身份证”。

比如，将“你签字的位置是错误的”转为“请在右下角签字”。

大家一定发现了，将否定式的句子转变为肯定式的句子，其实就是将正确的做法是什么告诉客户。

应将工作中可能出现的否定式句子进行归纳，之后，将它们转为上述语言方式。

3. 优化语言要从转变意识做起

语言习惯来自于人的思想意识。将自己置于和对方平等的位置时，我们的语言一定是平等的、商量式的、肯定式的。当我们期待自己的语言给客户带来愉快的心情时，我们的语言会变得温馨和美好。

（1）平等对待客户

与客户进行交往时，既要不忘自己的身份，也不得过分强调自己的身份。杜绝对客户冷言冷语、漠不关心、缺乏耐心，做到待人真诚，热情服务，不厌其烦。

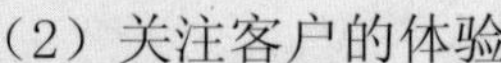

（2）关注客户的体验

热情的语言能给客户带来满足和快乐的情绪体验，指令式、否定式的语言会给对方带来不愉快或很气愤的情绪体验。

在银行业将服务提高到关注“客户体验”这一高度的今天，相信我们会将服务做得更好。

作　业

1. 请进行语言的条理性训练。

2. 请回答为什么要优化否定式和指令式语言？

3. 请对下列语言进行优化。

“你理解错了！”

“还没听明白呀！”

“你的表格填错了，重填吧！”

“那边等着！”

“这不归我管！”

银行岗位礼仪

在下篇岗位礼仪中，将与大家分享柜面人员礼仪、大堂经理礼仪和客户经理礼仪。

第一章

柜面人员礼仪

在客户办理业务时，柜面人员往往是与客户交流最多、对客户信息和需求了解最清晰的一个群体。所以，客户对银行的评价也会更多地来自于柜面工作人员。

在这一章中，将通过“多做一点”的智慧、柜面人员的服务程序及案例分享，与大家共同学习柜面人员的礼仪要求。

“多做一点”的智慧

我们清楚，当柜面人员与客户建立了良好的关系之后，不但能够为银行的整体形象带来益处，还能在工作中获得更多的客户支持。

为了达到与客户建立良好关系的目的，柜面工作人员在与客户的交流之中，应在力所能及的范围内“多做一点”。

一、什么叫“多做一点”

“多做一点”指的是多出现一次笑脸、多说一句话、多出现一个行为、多给出一个建议等。

案 例

银行的柜面人员小许，永远是以一张甜美热情的笑脸面对客户。她用自己的笑容温暖着每一位客户，也用自己的真诚创造出了一个个感人的瞬间。

在一个双休日的下午，一位老奶奶拄着拐杖走进银行的营业大厅办理业务。她来到柜面对小许说道：“小姑娘，我年纪大了，耳朵不好使，听不见你说的话。”小许听后，笑着会意地点一点头，并拿出纸和笔把“您需要我做什么”写好后交给了对方。

老人回答说“我想取钱。”然后，从怀里摸出了一张银行卡递给小许。

小许接过老奶奶递过来的银行卡，发现这是其他银行的卡，便微笑着在纸上写道 :“这里是 ×× 银行，最近的 ×× 银行在斜对面，您过马路时请当心啊。”

过了大约 15 分钟后，老奶奶又一次出现在了小许的面前，说她不知道“代码”，在那个银行也拿不到钱。

小许微笑着安慰着老奶奶，并在纸上写道 :“麻烦您！这位老人听力不太好，行动也不太方便，请多关照。据老奶奶讲，银行卡的密码应该是初始密码。”

之后，小许笑着比划着告诉老奶奶，将这张纸条交给对方的工作人员，他们就会帮她办理业务的。

看着老人满意的眼神，小许笑着点点头，请大堂工作人员搀扶着老人到另一家银行完成了业务办理。

让小许没有想到的是，老奶奶办理业务后，又回到自己面前专门来答谢。

老奶奶说道 :“我自己取过好几次钱，一次都没有成功过，今天多亏有你帮助我。你笑起来特别好看，一看见你的笑容，我就知道你是个心地善良的小姑娘。”

小许看着老人瘦弱的身躯和真诚的表情，一时不知说什么好，她的脸上露出了大家熟悉的笑容，眼泪也湿润了她的眼眶。

小许是一个爱笑的柜面人员，她的笑脸给客户带来了温暖和热情。

小许遇到听力不太好的老奶奶时，用手写的方式与老奶奶进行交流，而不是简单地将老奶奶打发走，从而使这位老奶奶第一次体验到了成功取到现金的快乐。

小许的多出现一次笑脸、多说一句话、多出现一个行为、多给出一个建议等，感动着老奶奶并得到了对方的肯定。

二、“多做一点”的智慧和价值

“多做一点”的意识和行为，是柜面人员智慧的表现。

案 例

一位中年人到柜面办理定期存款业务。

图 92

柜面人员笑着说道：“先生，您是因为存定期比存活期利息高一些，所以才选择存定期的，是这样的吧？”

客户听后开心地回答道：“是啊！我就是这样想的。”

柜面人员继续说道：“您的理财意识非常好。如果您近期不用这笔钱，建议您选择银行的理财产品，它比存定期的收益更大些。”

客户听后马上询问道：“好啊！有什么样的好产品呢？”

柜面人员在征得客户的同意后，很快将客户经理介绍给客户。最终，客户选择了自己喜欢的理财产品。

之后，这位客户不但将他在其他行的业务转到这一网点，还将自己的好朋友介绍到这个网点来办理业务。

到了这一年的年底，这位柜面人员的任务还没有完成，他抱着试试看的心理给这位先生打了求助电话（图 92），让他感到惊喜的是，对方答应马上提供帮助。

在这一案例中，柜面人员通过多说一句、多做一点获得了客户良好的口碑，并使这位客户成为这一网点的忠诚客户。

这就是“多做一点”的智慧。

柜面人员的多做一点，其价值是能够为客户带来惊喜的情绪体验。这种体验使客户将柜面人员牢记在心，并产生报答的心理。

案 例

2012 年初的一个周末，天很冷，马路上行人稀少，环卫工人穿梭在寒风中工作的身影分外显眼。

此时，某银行营业厅还没有到开门的时间，做好营业前准备工作的柜面人

员小钟透过玻璃门发现一位负责环卫工作的阿姨在网点门前徘徊，并不时地向里面张望着。

小钟上前询问道：“阿姨，有什么需要帮助的吗？”

这位阿姨回答道：“天太冷了，我想找你们要点热水。”

因为还没有到营业时间，小钟不便请阿姨进入营业厅，便请她在门外等候。之后，他接了一杯热水，还用自己的热水瓶灌了满满一瓶水，一起递给了阿姨。他说道：“阿姨，这是给您打的热水，这个瓶子您也拿着。这样就既可以喝上热水，也可以暖暖手了。”

阿姨听小钟这样说，先是愣在了那里，之后感激地连声说：“谢谢，谢谢！”

几个星期之后，阿姨居然回来找到小钟，说是带着钱来开户的。

阿姨说道：“我要将家里的所有存款都放在你们这里。”

阿姨真实、质朴的一句话让在场的工作人员都非常感动，同时大家也体会到了惊喜的滋味。

所以，当我们“多做一点”时，不但可以给客户带来惊喜的情绪体验，客户也很有可能给我们带来惊喜的情绪体验，这也是“多做一点”的价值。

相信，在“多做一点”的思想指导下，银行与客户的关系会大大改变。

三、如何做到“多做一点”

从在这一节分享到的案例中可以发现，从做法的角度来思考，所有的“多做一点”都没有什么难度。那么，为什么平时我们做不到“多做一点”呢？

做不到的原因很简单，一是思想上缺乏“多做一点”的意识，二是对“多做一点”的重要性理解不透，三是不想这样做。

可是，当其他银行都在通过“多做一点”来争取客户，因为没有这样做而落在了后边时，我们所面临的就是客户的流失，甚至是银行发展的停滞或失败。

面对银行业的激烈竞争，面对银行的整体发展，我们没有理由不重视“多做一点”，也没有理由不这样做。

作 业

1. 怎样理解柜面人员的“多做一点”？

2. 谈一谈自己曾因“多做一点”给客户带来的情绪体验，那时，自己又体验到了什么呢？

第二节 柜面人员的服务程序

柜面人员的服务程序由举手招迎、业务办理和送别客户三个程序组成。

在三个程序中，柜面人员要做到真诚、热情、周到、耐心、专业和善始善终。

真诚、热情、周到、细致、善始善终，来自于我们与客户交流的过程中，能否发自内心地、比较灵活地运用服务礼仪规范，专业则来自于我们对银行业务的熟练程度。

一、举手招迎

举手招迎是银行柜面人员在按了叫号器后，以举手的方式迎接客户的致意方式。

不同银行的举手招迎动作尽管略有区别，但其目的都是为了向客户表达尊重之意。

在迎接客户的过程中，大家应按照下列程序完成举手招迎礼。

1. 及时、专注地举手

按叫号器后，应迅速地将手举起来，以便客户能及时发现所应到达的窗口（图 93），并在客户到达窗口前做到聚精会神。

图 93

案 例

一位客户在走向办理业务的窗口时，发现柜面人员头也不抬地将右手绵软无力地举起来后，很快又将手收起来去处理其他事情。

客户落座后询问柜面人员道："你为什么连看都不看我一眼呢？你如果没有时间可以不举手的，你这样做，反倒让我觉得很不舒服。"

所以，在完成举手招迎礼时，应杜绝程序性的、敷衍了事的做法。

当我们及时举起手，在客户走来的过程中温馨地凝视着客户，并将举手的动作保持到客户将要走进一米线时，客户就会感到我们郑重其事的迎接过程。

2. 适时问候并让座

当客户即将进入一米线时，柜面人员要面带微笑，边点头边问候客户，并将举手动作转为让座的动作（将手指向客户的座椅）。

问候客户时，如果面对的是熟悉的客户，要用"李女士，您好"的方式来问候对方。

在问候客户时，如果清楚客户来银行的目的，要使用"王老师，您好！是来交电话费吧"的方式来问候对方。

二、业务办理

1. 温馨询问

询问客户要办理什么业务时，不要让客户有质问的不良感觉。

比如，如果询问客户"你要办什么业务"，就容易让客户产生被质问的感觉。我们的询问应该是这样："请问您办理什么业务？"一个"请"字，就能很好地使语言的性质发生变化。

2. 做好应答

当客户回答需要办理的业务时，要及时用"好的，请稍等"应答。

案 例

一位客户找到大堂经理来投诉柜面人员，原因是他和柜面人员交流时，没有得到对方的应答。客户向大堂经理抱怨道："你看，我说话他总是不搭理，这让人多憋得慌啊！"

在与客户的交流中，有来言就要有去语，不然，客户就会觉得我们不懂得尊重，客户就会因此而觉得憋得慌。

3."请"字当头

办理业务的过程中，我们会通过给出指令的方式，在客户配合后完成业务的办理。比如，要求客户出示证件、输入密码、做出服务评价等。

在这一过程中，使用"请"字和商量式的语言，会获得客户的配合。比如，"请您出示一下证件（图 94）"、"请您对我的服务进行评价，好吗？"

图 94

4. 解释原因

在办理业务的过程中，客户会因对银行的业务不十分清楚，而拒绝我们给出的要求。比如，在请客户出示证件时，客户会因为不理解或心情不好而拒绝。

此时，硬性要求对方出示证件或回答客户"这是人民银行的规定"，会使客户感到态度比较生硬，从而拒绝我们。

比较好的做法是，从客户的角度考虑问题，以“先生，出示证件确实给您带来了麻烦，非常抱歉！其实，这样做是为了您资金的安全，请您配合一下好吧？”

相信，当我们这样处理客户的问题时，会得到客户的积极配合。

5. 讲究技巧

案　例

一位柜面人员在客户取现后，根据对方取现的额度，为对方提供了信封。客户看着柜面人员双手递过来的信封，非常开心地答谢道：“我还没有开口找你要信封，你就将信封递给了我，你想得真周到，感谢你了！”

这就是一种工作的技巧。

试想，在客户向我们索要信封时，我们也是要提供于对方的。这种做法与上一种做法都是在向客户提供服务，但是后一种做法是被动的，所以效果也是较差的。

讲究服务技巧来自对客户需求的判断，这需要我们眼勤、耳勤、手勤、腿勤、脑勤。

6. 建立关系

与客户建立关系，是使对方成为忠诚客户的一种途径。建立关系的方法有许多，适合柜面人员的做法是记住客户的相关信息。比如，对方的称呼、体貌特征、喜好、习惯等。

案　例

一位客户在办理业务的过程中无意提到了她要到欧洲去旅游。

有心的柜面人员在客户旅游回国后前来办理业务时，询问客户道：“好长时间没有见到您了。”

客户回答道：“是啊！我出国旅游去了。”

柜面人员说道：“真羡慕您！”

柜面人员很快与客户建立了良好的关系。

三、送别客户

1. 委婉询问

在客户业务办理完毕时，可以使用“请问，您还有其他业务需要办理吗？”以此来确认客户的业务是否彻底完成，并降低直接进入送别过程而给客户带来的尴尬。

2. 温馨叮嘱

叮嘱客户带好自己的物品：“请带好您的物品（图 95）。”

为了和客户建立关系，还可以将名片递与客户，以方便对方有需求时能及时联络自己。

3. 热情道别

在客户没有收拾好自己的物品时，不要急于和对方道别，也不要在客户还没有离开时就按下叫号器，以避免客户产生我们急于打发其离开的心理。

道别时也要态度热情，面带笑容，点头致意，语言温馨。比如，“欢迎您下次光临”、“请慢走”等。

图 95

作业

1. 请说明迎客环节中“举手招迎”这一致意方式的重要性。
2. 请通过这一节的学习，谈一谈服务成功与服务细节的关系。

第三节 案例分享

成功的银行工作案例，可以给我们带来思想的提升以及方法的借鉴。失败的银行工作案例，可以给我们带来深刻的思考，并寻找到解决及预防此类问题发生的措施。让我们共同分享下列案例。

案例一：一面锦旗

一个普通的营业日上午，吴大妈老两口和女儿走进银行营业厅要拜访行长。见到年轻的行长，吴大妈立刻给行长深鞠一躬，说道："行长，感谢您培养出好员工，让我免受了损失。我们全家感谢您！"行长也认出了吴大妈，急忙把她搀扶起来。吴大妈让女儿拿出一面锦旗，上面写道"慧眼识破绽储户保平安"，双手递交到行长手里，"这面锦旗一是感谢您，二是感谢柜面的小陈和大堂经理小赵。没有她们，我的钱没了，病可治不了了。"行长请大家都坐下，"谢谢您全家对我们的信任，这也是我们应该做的。客户平安了，银行的资金才安全，只是您以后一定要提高警惕，有事和儿女商量，不给骗子可乘之机。"这一切还得从一周前说起。

吴大妈是网点的老客户了，年纪有 70 多岁，两个孩子都很忙，不在身边。老两口身体不大好，儿女给的钱也舍不得花，说还是留着看病吧。一周前，吴大妈到网点来非要开个银行卡，大堂经理小赵问她："大妈，您不嫌麻烦了？没

关系，您用存折存单就可以。”原来吴大妈经常来银行，小赵建议她开卡取钱方便,却一直没说服她。这次吴大妈主动要开卡并且还开网银,小赵觉得有些可疑，70 多岁的老人很少用网银的。“大妈您得小心啊，现在骗子可多了。谁要用网银呢?”“哦，是我的侄女要买房子，想用我的钱周转一下。年轻人，非要我开的，说是方便汇款。”大堂经理小赵一听也有道理，就帮她填写好单据。到了柜面，员工小陈受理吴大妈的业务，发现她要把 3 张存单共计 25 万元全部提支存到新开立的银行卡里，小陈联想到近来的电信诈骗案，就多问了几句。“您的定期存单提支了可都是活期利息，多可惜啊！”吴大妈说：“是啊，我知道，这不孩子着急买房吗。”“那您开网银会用吗，现在诈骗的可多了，您得让孩子陪您用啊。”“好好，我知道了。你快办吧。”小陈仍然觉得蹊跷，因为吴大妈平时省吃俭用，除了看病很少有大额支出。她一边受理业务，一边到后台迅速和同事沟通了一下。“大妈，您的孩子知道这事吗？她平常用网银吗?”吴大妈甚至有点不耐烦了，“你快办吧，别给我耽误了”。边说边看手机。

10 多分钟后，社区的片警来了，小陈故意给吴大妈拖延办理，才刚开了卡，还没存入 25 万。经过询问，吴大妈接到陌生电话声称是“社保中心”，她的社保卡被冻结了，原因是涉嫌洗钱，让她把自己的钱先开个户转到安全账户内，必须开网银，而且骗银行说是给侄女买房用。经过警察和银行人员的详细分析，吴大妈才恍然大悟：如果把钱存进去，骗子问了网银的密码，钱立刻就没了。吴大妈在银行坐了很久，对柜面的小陈千谢万谢回家了。一周后就有了送锦旗的一幕。

案例分析

近年来，电信诈骗的手段花样翻新，银行员工除了按客户的要求迅速、准确地办理业务外，还要为储户的资金、银行的资金负责，时刻警惕电信诈骗的发生。这就要求每一个人都要有强烈的责任心，多问一句话，就有可能避免储户的巨大损失。

案例二：两套缴费单

营业时间快结束了，银行大厅里还有十多位客户等待办理业务，一位老年人匆匆走进来。大堂经理礼貌地询问她办理什么业务，这位大妈手里拿着一把缴费单据显得有些焦急，“别提了，我刚出国回来，信箱里有一大堆水费、燃气费单子。可能电话局也该催我了。”

大堂经理问道：“您有借记卡吗？我们这里有自助缴费机，我现在就可以帮您交费。而且柜面办理缴费业务是有时间限制的。您看排在您前面还有好多人呢，如果系统停止了，您可白排队了。”

“银行卡我可没带，出门着急。没关系，反正也来了，我排一会儿。这单子上写着超过时间交费得罚款呢，我们家可从没欠过公家的钱。”

“好的，那您等会吧。”大堂经理作关门前的巡视去了。

由于前面办理的业务比较简单，这位客户很快排到了。柜员孙阳接过单据一看，可真不少，有水、燃气费，而且还是两个月的。

“您以后可得早点来，再晚点就停机不能交了。”

“知道，知道，刚才大堂经理已经和我讲过了。不怪你们的。”

“大妈，您有银行卡吗？我们大厅里有机器随时可以缴费，跨行也不收费。”

“哦，有的。下回我带来，今天不知道，出来没带卡。谢谢你！”

柜员孙阳开始汇总多张单据，细心的他发现每张单据金额都不少。一般家庭的水费、燃气费最多不过几十元，但这位客户的单子每张都好几百。孙阳问了一句：“您家的房子够大啊？出门了两个月没交啊？”

“可不是吗，我们两套房子，有儿子一套。前些日子都在家，用得多。后来我们都出国了，就耽误了。”

孙阳一听，心想应该是贵宾客户。就问：“您有我们的贵宾卡吗？如果您经常不在家，可以开通网银，这样不管您在不在家都可以从网上理财、缴费。”

“我孩子也说让我办金卡理财，我们一直忙。这样吧，等我儿子回来了我让他来理财吧。谢谢你，小伙子，你的服务真好！”

孙阳赶紧找来理财经理，留下客户的电话。经询问，客户家有两套别墅，儿子是一家跨国企业的高管，工作原因经常国内国外跑。经过理财经理的后续跟踪与不懈努力，约到了客户的儿子，最终吸引了他行本外币存款共计450万元，还有相关的基金、贵金属业务在洽谈中。柜员孙阳因此得到了网点的营销奖励，之后还参加了理财经理的人才库选拔并入选。

案例分析

每天银行柜面的员工们经手上百笔业务，最简单的代缴费业务可能大家都不在乎，甚至有些“嫌弃”，但是有心的员工能发掘每一个营销机会。在此案例中，大堂经理、柜员、理财经理每一个角色都尽职尽责、充分发挥了自己的优势，最终赢得了客户的信任，不仅为银行带来了存款及相应的业务，也为客户规划了资金使其财产增值。同时，孙阳通过此次营销也树立了自己的信心。行长发现了他的营销能力，不久推荐他到行里参加理财经理人才库的选拔并通过了考核。

案例三：你有“粉丝”吗

周末的一天，银行营业厅内熙熙攘攘，老客户方先生走进大厅。大堂经理小刘迎上前去询问办理什么业务，客户朝柜面里和大厅内张望一番，“今天人可真多呀！”“是的，昨天下大雨，今天又赶上周末，人就多一些。”小刘微笑着回答。“那我就看看理财产品吧！”方先生在产品公告栏看了一会儿，和大堂经理打个招呼说先去办理别的事情，人少点时再来。

下一个周六，还是小刘值班。方先生又来到网点，还是朝柜面里张望。小刘有些纳闷，但还是礼貌地询问他办理什么业务，方先生却问道“小于怎么又没上班呢？”他说的小于是柜员于兰，是网点的岗位能手。大堂经理小刘不解：“您是找她有事吗？还是没处理完业务呢？”“这倒没有。你也知道，我每次来办业务都很复杂，把很多外币结成人民币再理财。有时还给美国念书的孩子汇款。有的人给我办业务得个把小时，排在后边的人一嚷嚷，我都紧张。只有小于最快，半个小时基本就办完了。所以，要不是特别着急，我就专等小于来。”大堂经理笑了，原来如此。“方先生，谢谢您对小于工作的肯定！她确实办理业务又快又准，是我们网点的岗位能手呢。明天她就上班，您可以再来。”第二天，方先生如约

来到银行，顺利办理了业务。于兰对客户的信任表示了感谢。方先生办完业务，和当班的大堂经理聊起来“你看小于办业务脑子清楚，连贯性特强，手里不闲着，打印着单子，她开始数零钱或审核申请表，而有的人就坐在那等着。时间就是这么一点点节约的。看她办业务是种享受！”说完在客户意见簿上写了表扬，署名是“小于的粉丝”。

案例分析

其实，不仅小于有“粉丝”，很多银行员工都有自己的“粉丝”。媛媛因为常挂嘴边的微笑、耐心细致的服务赢得了客户的好评；小佳凭专业知识帮客户理财，收益可观得到客户的认可；大堂经理和蔼可亲、热情周到照顾每一位客户……每个人的岗位不同，个性也不尽相同，但是如果能发现自己的特点并将它发挥出来，每个人都会有自己的“粉丝”，成为岗位上的亮点。

案例四：别轻易拒绝

营业结束后，银行柜面内的柜员在紧张结账中。储蓄复核员喊道：“王静，最后这笔开户业务没留身份证吧，快给客户打电话！”王静整理完手中的现钞，跑过来一看，心中不禁忐忑起来。以往遇到让客户返回补证件的情况，客户大多比较配合。只要住得不远就会当天或次日送来。但是，这位客户……

王静拿起电话，“您好，李老先生，抱歉打扰您了！我是银行的小王，刚才给您办理财业务没有成功。但是开户业务已经办妥了，我一忙乱忘了复印您的身份证。还得麻烦您……”

“什么？你没给我买成理财产品我没说什么，你现在还要我的证件？”

“真对不起您！没买上理财产品是您的手续出了点儿问题，但银行卡已经开户，您得留下证件。要不我上您家去取，复印完了再送回去可以吗？”

“你别来，我的证件也不会给你拿走！”之后电话被挂断了。王静一筹莫展。

李老先生78岁了，他的定期存款刚到期，看到大家都买理财产品，他也想买 15 万。理财经理在向他提示了相关风险后填写了申请表，准备购买极低风险的产品。排队到柜员王静办理，开始顺利开立了银行卡，在开理财账户时需要填写手机号，客户说没有。“这个手机号是必填项，您的孩子的手机号能告诉我吗？我输上就行。”王静建议道。“那不行，好几个孩子写谁的？我还不想让他们知道呢！”客户有些不满。“那咱们的理财产品就买不成啊！”

“哪有这样的道理，没有手机不让存钱？”客户的情绪开始激动起来。“不是不是，不填上电脑过不去。”就在双方争执过程中，理财产品的购买时间已经到了。王静说：“今天怎么也买不成了，我们再向上级反映一下，看看有没有解决办法。我把钱先给您存上了。”李老先生带着一肚子怨气回到家，不久接到银行的电话，便出现了开始的一幕。

第二天一上班，王静接到了总行客服中心转来的“投诉单”。李先生投诉银行员工业务不熟练，一是没买成理财产品，二是丢三落四麻烦客户。原来，李先生拿的是一代身份证，不能直接电脑核查，在讨论业务时又忘了复印证件。经向上级请示，客户在开理财账户时如没有手机，可填写座机号，不足位数补零。接到投诉，网点主管问清事情原委，专门给客户打电话道歉，在取得客户谅解后请他再次到银行办理了理财产品。柜员王静受到了批评。

案例分析

此案中的王静犯了想当然和轻易拒绝的错误，尽管目前手机比较普遍，但老年人没有也很正常。遇到不会的业务应及时询问、向上级反映，急客户所急，不要轻易说“不能办”就把客户打发走。如果当时就问清业务的办理方法，马上告知客户，约他次日再来，让客户虽有遗憾，但顺心而归，相信再提出复印客户的证件，他是可以接受的。

作 业

1. 请讲述一个自己成功的案例，并从礼仪的角度分析成功的原因是什么。
2. 通过对上述案例的分析，谈一谈自己的体会。

第二章

大堂经理礼仪

当客户迈进银行的大门时，首先迎接他们的是笑容可掬、彬彬有礼的大堂经理。

大堂经理在迎接客户时，会礼貌地问候并主动征询客户的需求，通过为客户提供预处理、分流等系列化、标准化的服务，为网点整体服务、营销做好铺垫。从中我们可以引出大堂经理的角色定位：客户接触第一人，服务营销第一站。

这一章将同大家共同分享网点的核心——大堂经理、大堂经理分流技巧、大堂经理预处理技巧、大堂经理投诉管理技巧等相关内容。

第一节

网点的核心——大堂经理

过去，很多大堂经理常以“八大员”来定位自己的工作，所谓的“八大员”，指的是引领员、咨询员、宣传员、调解员、监督员、推销员、安全员、清洁员。这种定位说明大堂经理岗位责任的复杂和繁重。

在银行设置大堂经理岗位的初期，目的是照顾老年员工，当时大家称其为咨询员。咨询员的工作职责是能简单解答客户提出的问题即可，所以，当时的服务是比较被动的。

随着银行网点转型后，其经营方式、服务销售模式、流程转型及人才转型的不断深入，人员分工越来越精细化，各银行对大堂经理提出了明确的职责分工。

一、由职责分工看大堂经理的核心作用

各银行对大堂经理工作职责的分工大同小异，其内容往往来自下列几方面。

（1）维持营业网点的正常秩序，管理咨询区、自助区，保障自助设备的正常运行；密切关注营业场所动态，维护银行和客户的资金及人身安全。

（2）除了引导、分流、预处理等工作外，适时关怀等待的客户，并在其中识别潜在的中、高端客户，及时将其引荐至理财经理、客户经理。

（3）为客户提供业务咨询，对银行产品（网银、信用卡等）进行宣传及营销。

（4）快速、妥善地处理客户提出的批评及意见，化解矛盾，减少客户投诉。对客户意见和有效投诉的处理结果在规定时间内及时回复。

（5）负责每日服务质量、内部协作水平的数据统计，并将当日日常工作及突发事件记入大堂日志并提交负责人。定期归纳分析市场信息、客户信息、客户需求，以书面形式向网点负责人报告（遇重大问题要随时报告）。

我们经常听大堂经理无奈地说道：我们就像是“勤杂工”。

比如：社区开安全保卫工作会时，领导会说：“我很忙，让大堂经理去吧。”有的柜面人员生病了，会发现大堂经理在替岗给客户办理理财业务。周末，食堂的师傅休息时，大堂经理会被派往食堂为大家做饭。如此等等。

大堂经理的工作权限有限，所以，还经常遭受“夹板气”。虽然大堂经理有现场管理的职责，但因各支行领导授权不一致，致使大堂经理对柜面人员的管理缺乏底气，尤其是年轻的大堂经理。

当客户反映问题时要找领导，大堂经理建议道：“我是大堂经理，您可以向我反映情况。”客户往往会不屑地说：“跟你说有用吗？把你们行长叫来，我只跟管事的说话。”

大堂经理还由于缺乏管理思想及工作方法，时常会成为“救火员”。即哪儿“着火”了就扑向哪儿，哪儿发生了矛盾就冲向哪儿。

案 例

一天，在一个银行网点，大堂经理正在指导一名客户填写单据时，听到自助银行那里有客户焦急地喊道：“大堂经理，快来帮帮我，我的5000块钱被机器吞了。”

当大堂经理急匆匆地赶到自助设备那里时，没填写完单据的客户又嚷了起来：“我这儿还没添好单子呢，马上就要叫到我的号了，你怎么不管我了呢？”

大堂经理还没有来得及做出回答时，又听到保安人员边跑边说道：“有一个孩子在网点小便呢。”

……

上述情况使大堂经理即使有三头六臂也无济于事。

大堂经理应该要求自己不要做“消防员”，而要做“安全员”。既通过对现场引导员、保洁员、保安员等的合理分工与安排，尽可能地把隐患消除于萌芽之中，以使银行营业厅能正常有秩序地办公。

由此可以感到，当前的大堂经理不再是传统印象中的受照顾的年老体弱职工，不是只做咨询的养老岗位，而是通过对网点实施现场管理，集服务、营销于一体乃至协助、监督员工服务规范，进行网点企业文化建设的辅助型管理岗位。

所以，人们常将大堂经理称作“网点的核心人物”。

二、由两个第一看大堂经理的核心作用

随着银行网点转型的逐步落实，可以看到更多规章制度的出台有利于大堂经理的管理工作，更有利于网点整体发展。网点转型要求由被动服务变为主动服务，因此大堂经理作为“客户接触第一人、服务营销第一站”的角色定位更加明确了。大堂经理是客户首先接触的银行员工，常常处于备受瞩目的环境之中，客户往往可以从大堂经理的言行举止判断出银行的服务形象和管理水平。

“客户接触第一人”要求大堂经理要展现出良好的职业形象及专业素质，以获取客户良好的第一印象。

“服务营销第一站”要求大堂经理在为客户提供预处理、分流等系列化、标准化的服务时，为客户带来良好的情绪体验，以为整个网点各岗位的服务营销做好铺垫，应按照标准化流程的要求，有效识别客户并将潜在贵宾客户推荐给理财经理等。

各银行对客户的服务往往分为四个阶段，即接触、理解、帮助、挽留。

可以坚信，成功与否往往来自于接触客户最初的 30 秒。所以，在接触客户环节要做到：形象上要追求共性而非张扬个性；行为上要客户为尊，先外后内；语言上要来有迎声，问有答声。

1. 接触客户

客户首先关注工作人员是否尊重自己，是否值得信任，是否比较专业。因此，大堂经理在此阶段的核心职责是树立良好的第一印象，以获取客户的好感与信任。建议大堂经理在接触客户阶段，应在企业行为及个人行为两个层面做好营业准备。

企业行为指的是环境清洁、填单台整理等内容。个人行为指的是形象的专业性以及行为上对客户的亲和力等内容。

（1）形象的专业性。对大堂经理形象的相关要求可以概括为一句话，即“追求共性而非张扬个性”。比如，在个人生活中，提倡每个人根据自身的身材、气质、爱好等个性化妆，但在银行服务工作中，则要树立严谨、专业的团队共同形象，

而非突出个性。

案 例

小梁是今年新入行的大学生，她活泼开朗，工作热情。为了快速实现从学生到职场新人的转变，她特意去烫了个大波浪式发型，并将头发染成了紫红色。为了配合新发型，她用了假睫毛并化了较浓的妆，还涂上鲜艳的指甲油。当她正兴致勃勃地和同事们交流改变形象的心得时，被行长叫到办公室狠狠地批评了一顿。行长责令小梁马上卸掉浓妆，并要求她下班后将头发和指甲染回原来的颜色。

最初，小梁又委屈又惋惜，她不明白打扮得漂亮些有什么不好呢，难道大家都死气沉沉的才好吗？

银行是一个整体，服务中只能树立严谨的、相对统一的团队共同形象而非个人形象。发生在新员工身上的案例提醒着大堂经理，员工要以大局为重，弱化个性形象，一切从集体的利益出发。

（2）先外后内。大堂经理要牢记“永远先外后内”的工作原则。在接触客户阶段，即使当下工作无法停止，也应先向前来的客户打招呼并获取对方谅解。

案 例

大堂经理小郑在咨询台解答客户的问题时，自助设备区的一位客户呼唤他，在小郑还没有来得及回复客户时，领导又打来电话让他马上到自己的办公室。

此时，正确的做法是什么呢？小郑很好地处理了这个问题。

小郑首先向领导说明目前还有业务需要处理，并回复领导6分钟左右赶到其办公室。之后，他协调其他人员替岗后来到领导办公室。

（3）用好服务用语。银行“三声服务”中的“来有迎声、问有答声”是接触客户阶段的要求。

“您好！”“请问您要办理什么业务？”“抱歉！”“请您稍等。”“慢走！”“抱

歉！存折补登机正在进行维修，大概半小时就可以正常使用了，请您稍等。”是大堂经理服务中的常用礼貌用语。

使用这些语言时不要程序化，要发自内心。

2. 理解客户

通过接触阶段获得客户良好印象后，双方自然要做进一步的沟通，即进入理解客户的阶段。

对客户的理解不仅包括理性需求，比如具体办理的业务等，更包括感性需求，如客户的情感、情绪体验等。

在与客户的沟通中，应首先关注客户的情绪变化并进行恰当的回应，比如安抚、鼓励、赞美对方等。

大堂经理在与客户沟通时，应杜绝“自我、自大、自私”等心理，这种心理会影响沟通效果甚至会引发不必要的客户抱怨或投诉。

（1）自我往往表现在只站在自身立场上考虑问题，而不顾及客户需求及感受。比如当客户反映利息出现错误时，我们回应道：“是不是您自己算错了，我们的机器计算是不会出错的。”

（2）自大表现在自我的同时，傲慢地凌驾于客户之上。比如当客户质疑手续费为什么这么高时，回答道：“这是我们银行的规定，那有什么办法。”

（3）自私指的是通过损害、牺牲客户利益来达到维护自身利益的目的。比如“你的钱款要当面点清，离柜概不负责啊！”

3. 帮助客户

在充分了解客户需求的基础上，大堂经理应迅速行动起来，即进入了帮助客户阶段。

帮助客户时，语言上要响应号召，行为上要换位思考，要做到不拒绝客户。在此阶段，客户关注的是时效，也就是时间和效果。我们要在语言上体现出高度的响应度，比如“立刻”、“马上”、“现在”等。

在此阶段要积极采取力所能及的行动而非过于强调困难。即使客户提出的要求是不合理的，也要提供替代性方案而非简单拒绝对方。

案　例

一位大堂经理在休息区巡视时，发现一位身材瘦弱的女士一言不发，全身

无力地坐在椅子上，马上加快脚步前去询问。原来这是一位患有低血糖的学生，她是来银行排队缴考试报名费的，因排队时间较长，感觉身体非常难受。

大堂经理立刻沏了一杯白糖水给她喝下，又到后台取了糖果让她随身携带（图 96），待这名学生身体恢复后，大堂经理征得其他客户的同意，优先安排她办理了业务。

大堂经理的快速反应，得到了学生的感谢和其他客人的理解。

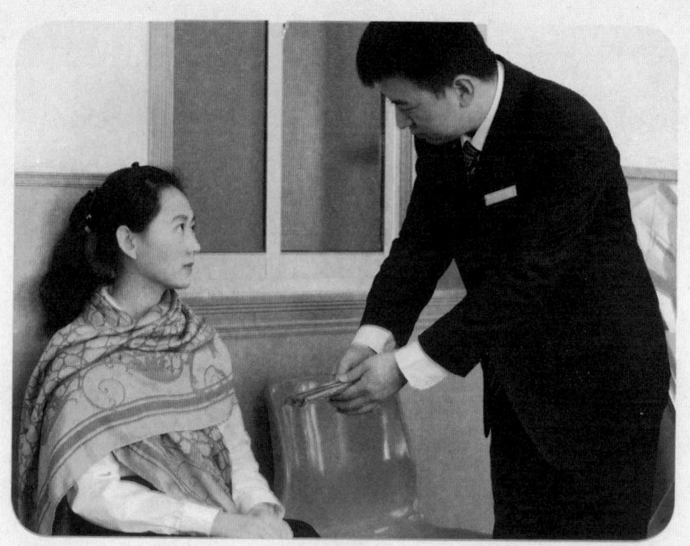

图 96

4. 挽留客户

在服务的挽留客户阶段，需要做些什么呢？

如果客户对服务是满意的，就应表达对客户的谢意。从长远看，这是留住客户的一种体现。

如果客户对服务不满意，大堂经理就要通过对客户抱怨的恰当处理来弥补服务中的不足，以避免造成客户流失。

应该强调，即使我们与客户对问题的理解及对处理结果的观点不一致，也要在情绪体验上让客户没有挫败感。比如面对客户的问题，要在“先处理心情”的基础上“再处理事情”。这样才能体现出大堂经理对客户的尊重、诚意及专业性。

上述两种核心作用给大堂经理带来了高标准的素质要求，其中一种素质就是礼仪修养。

比如，在“由职责分工看大堂经理的核心作用”中，可以发现大堂经理在完成其职责时，都离不开要与客户打交道。所以，大堂经理必须要尊重客户，必须遵守对客户的礼仪规则，还要有一定的人际交往技巧。

又比如，在“由两个第一看大堂经理的核心作用”中，不论是“客户接触第一人”还是“服务营销第一站”，都要求大堂经理展现出良好的职业形象及专业素质，以获取客户良好的第一印象。

作 业

1. 请参考本节内容，回答怎样理解大堂经理的核心作用。

2. 大堂经理为什么要重视自身的礼仪修养?

大堂经理分流技巧

分流、引导客户，指的是根据客户需求，引导客户到相关区域办理业务的过程。这样做不但能够减轻柜面人员的工作压力，还能很好地实现客户分层管理。

客户进入营业网点后，大堂经理的服务流程如图 97 所示。

为了做好客户分流工作，首先要对客户的不同需求进行分析，要有针对性地完成分流。

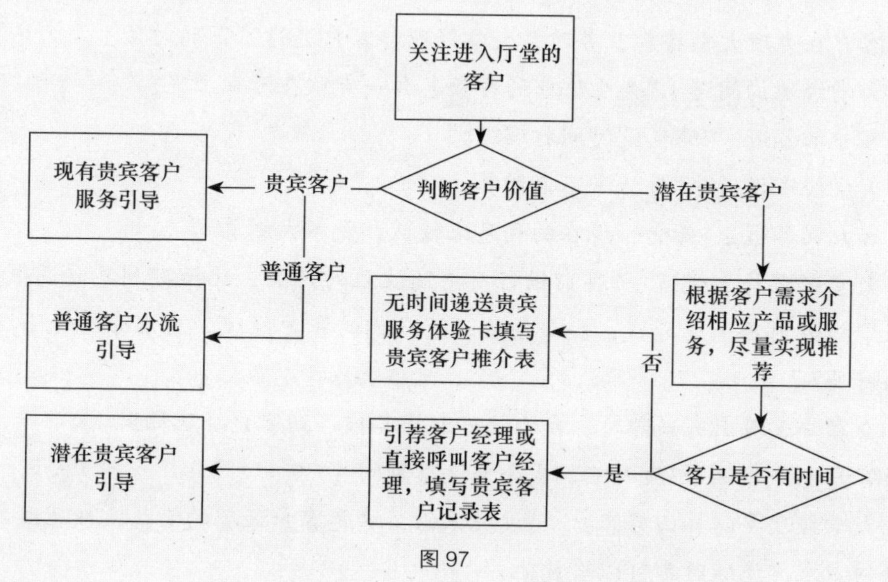

图 97

一、不同客户的分流

银行的客户一般有潜在贵宾客户、贵宾客户和普通客户。

1. 潜在贵宾客户分流及识别

应通过自己的判断，确定客户是否是潜在客户，并通过主动交流了解客户是否有接受产品的愿望。

（1）潜在贵宾客户的分流

通过我们的介绍，如果客户产生了了解产品的意愿，应引荐客户到理财经理、客户经理处。

在引领客户时，应注意让对方行走在方便行走的地方，还要在引领的过程中关照对方。比如当行走在客户比较多的区域时，要提醒对方“请小心”等。

当客户婉言谢绝我们的介绍时，可以向客户介绍贵宾服务体验卡。遇到谢绝的客户时，要做到耐心、理解和礼遇。

当客户不情愿留下联系方式时，可以示意客户折页上有客户经理名片，提醒对方在有需求时联系客户经理。

通过下列对话案例，可以了解潜在贵宾客户的分流过程。

案　例

客户在办理大额存款业务时，大堂经理与客户进行了下列对话：

大堂经理询问道：“先生！您的存款怎么一直放在活期上呢？”

客户回答道：“嗨！没时间打理呀。”

大堂经理说道：“存活期不太划算，对吧？”

客户回答道：“是啊！现在的利息比较低，是不太划算。”

大堂经理马上说道：“目前银行有更高收益的产品，比活期利息要高很多，如果您短期内不用这笔钱，我帮您约一下我们的客户经理，为您介绍一下这种产品好吗？”

在客户表现出有兴趣时，我们就可以将其推荐到客户经理那里。

客户也许会说：“改天吧，我今天没有时间。”

大堂经理要这样回答客户：“没关系的，这是客户经理的名片，在理财方面有任何需求，您随时都可以咨询他。”

之后，递上客户经理名片。

那么，我们通过什么信息来了解对方是否是潜在贵宾客户呢？

（2）潜在客户的识别

可以通过以下几方面完成潜在客户的识别。

第一，办理大额业务。比如大额存取现金或汇款、办理大额外汇业务、办理大额贷款业务提前还款、开具大额存款证明、办理大额存单挂失、购买大额国债、购买理财产品等。

第二，办理开户业务。比如申请开立外汇交易账户、黄金交易账户等交易账户，申请开立理财金账户、信用卡金卡或白金卡等。

第三，业务需求信息。比如开设或使用保管箱业务、对复杂投资理财业务有咨询需求等。

第四，客户的外观特征。比如驾驶或乘坐高档轿车前往网点、出示本行及其他银行 VIP 卡、着高档服装或佩戴名贵手表及首饰，客户是外籍人士、演艺明星或社会名流等。

第五，分析客户相关信息。比如客户开户所填写的地址、工作地点等为高端住宅区或高级办公区、客户透露自己或家庭成员中有从事高收入职业人士等。

2. 贵宾客户的分流与引导

面对贵宾客户的分流与引导，要努力创造现有贵宾客户与理财经理面对面接触的机会，在保证客户优先接受服务的同时不引起其他客户的不满，还要保护贵宾客户的隐私等。

3. 普通客户的分流及引导流程

通过图 98 来分享普通客户的分流及引导流程。

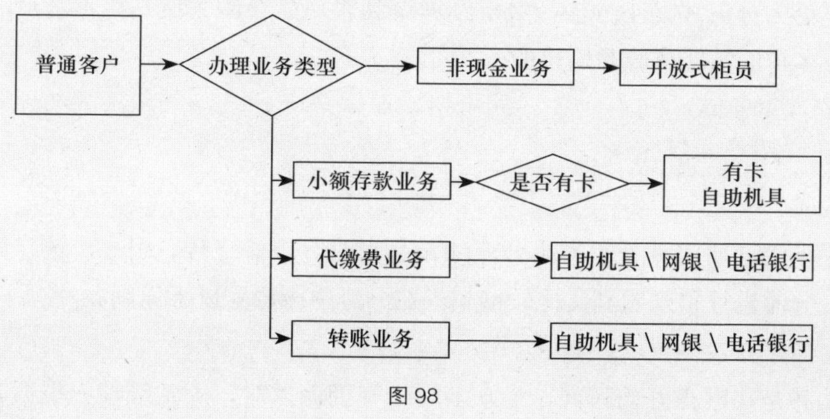

图 98

目前，小额存取款是造成柜面压力的主要原因之一，我们可以通过引导客户使用借记卡来达到分流的目的。

大堂经理可以通过“您看，自助设备操作起来很简单，这样能省去您排队等待的时间。这些自助设备还可以转账、缴费，是很方便的，今后再来办理业务您就不用排队了（图 99）”的语言方式进行分流。

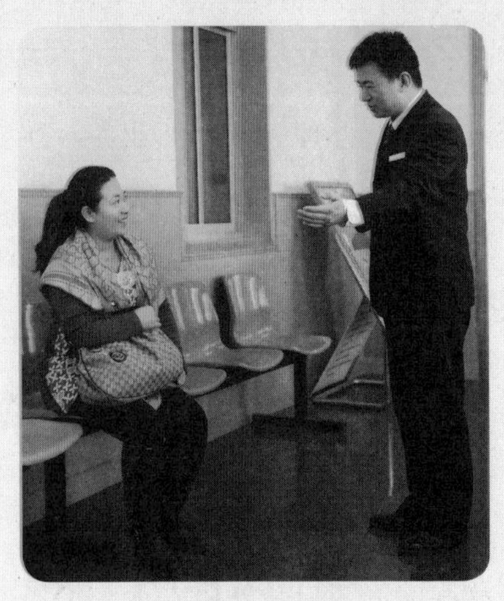

图 99

在对客户进行引导之前，应明确客户所缴纳的费用属于哪一类，在本网点可以采用的缴费渠道，适合客户的分流渠道是什么。

比如大堂经理说道：“您看排队的人这么多，您可以和我到自助终端上交水费，您也可以办一个网银，这样足不出户就可以缴费，也就不用为交水、电、燃气、电话费跑银行排队办理了。”

二、客户分流的目的

客户分流的目的是满足客户的需求并将低价值业务，比如查询、补登折、转账等业务迁移到非人工渠道，以降低网点的服务成本并为差异化营销创造条件，同时缩短客户办理业务的时间。

银行的分流分为大分流和小分流。大分流指的是将客户分流到电子渠道等网点实体渠道以外办理业务，小分流则是将已来到网点的客户分流到自助终端上办理业务。

不论大分流还是小分流，大堂经理得到客户配合的关键是尊重客户，在分流中让客户的情绪体验是愉快的。

三、大堂经理进行客户分流的原则

大堂经理要将大分流与小分流结合起来对客户做宣传、引导，这样做才有可能使分流进行得既顺利又比较彻底。在分流中应遵守以下原则。

1. 防止主次不分

尤其是在网点开门瞬间，当众多客户蜂拥而入时，大堂经理应根据客户所

办理业务的轻重缓急来确定分流的优先顺序。

比如，当有四位客户分别办理咨询第三方存管、存款、取款、挂失业务时，应遵循“要事第一”的原则。

首先，处理“重要又紧急的”的业务——挂失。

其次，处理“重要但不紧急”的业务——第三方存管。

再次，处理存款业务。

最后，处理取款业务。

在每日网点开门营业时，最好能保证两位大堂服务人员在岗，边咨询边进行预处理、分流引导工作。在客户较多时，大堂经理为客户解答问题时，要对前来办理业务的客户示意：“抱歉，今天的客户比较多，请大家稍等，我处理完业务马上为大家解答。”

2. 防止二次分流

部分客户因对自助设备不熟悉，而在使用时存在抵触情绪或使用障碍，有时自助设备故障率较高。

大堂经理在分流客户时，应首先确认设备正常，并征询客户是否需要协助后再分流客户到自助设备上处理业务，以避免客户被分流后又因种种原因返回，造成二次分流。

3. 在客户等待区进行补充分流

大堂经理在前台为客户咨询或在现场巡视时，可能会出现客户未经分流而自己取了号，到休息区等待的情况。大堂经理在该区域巡视时，要特别注意对客户进行补充分流。

比如，询问客户是否有小额存取款、信用卡还款、同行内汇款或小额跨行转账、缴纳公共事业费用等需求，可以直接引导客户到自助设备办理。

网点设备如果出现系统故障，大堂经理要在客户进门时先告知客户，还要在等待区重复提醒客户，以避免客户因不知情而导致无效等待。

作　业

1. 请回答：在工作中如何避免二次分流？

2. 请举例说明在分流中如何识别贵宾客户。

大堂经理预处理技巧

大堂经理对客户在临柜前做预先业务处理，往往要对客户要办的业务进行问询、审查资格、对其所办业务所需的证件等资料进行审核等。要求大堂经理具备丰富的行业知识、娴熟的技能、敏捷的思维、很强的洞察力，在询问和审核的过程中，还应做到态度要热情，行为得当，以此获得对方的支持和协助。

一、重视预处理工作

现在，很多行业都需要做好预处理工作。比如我们去理发，工作人员在简单询问我们的要求后，会先给我们洗头发，如果顾客来烫染发，需要帮助对方先选择适宜的产品，之后才是等待理发师了。

预处理工作在同业中做得比较突出的有中国移动和招商银行，很多人可能都曾经体验过他们的预处理工作。

在大家来到中国移动办理业务时，尽管柜面当时没有客户，客户也不可直接去办理。所有客户都要先到前台，回答工作人员的询问，工作人员了解了要办的业务后，将申请表交到客户手中，客户要填写表格、复印证件、交对方审核表格。当这一切都完成了，大堂经理才会取个号交给客户，之后，客户再到休息区等待办理业务。招商银行的工作也是如此。

尽管有的客户觉得自己的业务很简单，不需要大堂经理的指导。但是，毕竟客户不如银行的工作人员专业，如果在办理过程中再填写申请表，就会影响

自己和他人的时间。有的因手续不全或不符合相关业务的办理资格，而不能办理，损失就更大了。

目前银行越来越关注预处理工作的重要性。各银行不仅制定了相关业务预处理的详细流程，让大堂服务人员学习并熟知。为了做好预处理工作，部分银行还针对客户填写申请表不太规范或老年人、外国人填写申请表有困难的情况，而购置了电子填单机来协助大堂经理更准确、高效地完成预处理工作。

这种做法在深得客户欢迎的同时，还使客户体会到了银行急客户所急的良好服务理念。

这种利用自助预处理终端进行电子填单，系统自动进行身份联网核查，在客户临柜办理时，系统自动提交客户的基础数据，实现与其他业务系统的数据同步和共享，提高了客户和银行办理业务的速度和质量。

目前，在银行网点采用自助预处理终端，客户可以通过机具触摸屏，自主选择银行单据类型、扫描二代身份证、打印单据等简单几步操作，自动将身份证上的地址、姓名、身份证号码等信息填写到银行单据的对应位置并完成勾选，使客户彻底摆脱了原先由于手工填写导致的易出错、字迹不易辨认等原因造成的各种不便，尤其适合老年人使用。相关数据显示，使用自助预处理终端，较手写填单平均节省时间 61%，显著提升了客户办理业务的效率。

自助预处理终端可以实现开户、汇款、开具存款证明、挂失以及其他特殊业务等类业务的自助填写，但是对于大多数银行网点来讲，实现各网点均配备此设备还存在困难，所以还要通过发挥大堂服务人员的优势来做好预处理工作。

目前，很多银行已经更新了叫号机系统，客户可以通过刷银行卡取号，新型叫号系统和银行的操作系统联网，可以使大堂服务人员能立刻分辨出客户的身份，贵宾客户能显示出当前的资产状况，便于提供个性化的服务。

但是，更多客户还是以大堂经理的工作质量来评价银行服务的好与不好。先进的设备是无法替代大堂经理的服务的。

二、做好预处理工作的原则

为了做好预处理工作，我们需要遵循四项原则。

1. 关联告知

我们通过一个案例来分享什么是关联告知。

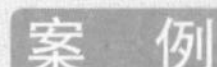

案 例

银行马上要发售电子国债了，一位客户通过新闻知道了这一消息。她特意跑到银行来确认，大堂经理在答复客户这一消息属实后，并没有让客户离开，而是询问对方道："阿姨，您以前买过电子国债吗？"

客户回答道："没有，还真的没买过。"

大堂经理笑着说道："阿姨，您有银行的借记卡吗？"

客户回答道："也没有，你问这些做什么？"

大堂经理马上回答道："阿姨，如果您要购买 3 天后发行的电子国债，建议您今天先开立一张借记卡并开通国债账户，这样就能将钱存入卡中，3 天后您就可以直接购买国债了。如果在当天开立借记卡，可能会耽误您的购买时间。"

客户听后笑着说道："太感谢你了，我这就回家取证件和钱，抓紧办开户手续。"

3 天后，客户如愿购买了电子国债，她非常感谢大堂经理的提醒（图 100）。

图 100

试想，如果不提前把准备工作做好，发售国债的当天一定会出现混乱。客户会因开立账户占用很多时间，最终还不一定买到国债。而已开立账户的客户排在后面焦急地等待，也会导致他们的极大不满，还会影响网点工作的正常运行。

所以，关联告知是从客户的利益出发的好做法。除了电子国债，还有其他很多业务需要提前告知。比如：客户办理基金买卖，必须在 15 点以前完成。如果客户来得较晚，前面等待的人又比较多时，应建议客户改日再来，否则就会出现白等的结果。

案 例

一天，一位 VIP 客户下午来办理赎回理财产品业务，这种业务的办理时间截止到 15：30。

客户进门时距离截止时间只有半小时左右，前面的 VIP 客户还有 7 位，大堂经理马上告知客户办理业务可能来不及了。

客户非常恼怒，说道："今天我必须把业务办了，因为我在 3 点半以前来的，你们必须给我想办法。要不，我绝对饶不了你们！"

大堂经理经询问客户得知，这是一位拒绝开立网银并多次来网点办业务的客户，对方明显是故意来为难工作人员的。

此时，已错过了办理业务的时间，大堂经理为了平息客户的情绪，边表示歉意边送给了客户一件小礼物。可是之后经与客户开户行的大堂经理沟通，得知此客户每次到银行办理业务都会寻找理由索要礼物。

所以，如果大堂经理提前告知，就不会使工作变得这样被动。

2. 准确表述

准确表述要做到避免模棱两可，不确定信息要在即刻查实后再告知客户。

案 例

某个周末，一位男客户来银行办理 20 万元的跨行汇款业务。大堂经理表示道歉后，耐心地告诉对方周末不能办理大额汇款，可以周一再来，或者通过开

通网银办理业务。

客户还没有听完解释，就转身投诉大堂经理不懂业务。

之后，经过与客户的多次沟通，才知道客户曾经在假日办理过跨行汇款5万元的业务。所以，客户认为大堂经理在有意为难他。

明白事情的真相后，大堂经理对客户做了下列解释："周末5万元以上的大额汇款人民银行系统是不支持的，5万元以下的小额汇款可以做，但时间长，一般要3个工作日后才到账。如果您必须在当天汇出这笔款，可以通过分成4笔业务的方式汇出，但是手续费会比较高。不如选择周一大额汇款实时到账，费用会很低的。当时，建议您周一来办理业务是为了节省您的手续费。"

客户最终明白大堂经理是为他的利益着想。

大堂经理在遇到此类问题时，一定要给客户一个全面、具体的解释。不论是从礼仪的尊重客户的角度思考，还是从银行整体形象的角度思考，拒绝对方与不给出合理的建议的做法都是不可取的。

3. 主动征询

在告知或指导客户的工作完毕后，应主动了解客户对问题的理解程度或其他需求。

案 例

白女士的女儿在英国读大学，她经常来银行办理国际卡还款和海外电汇业务。7月的一天她来到网点给女儿汇款。

大堂经理小高主动与白女士打招呼，当得知她是来办理境外汇款业务后，他接过白女士递过来的身份证，熟练地从系统中调出白女士以往的汇款信息，并在打印完毕后交白女士核对。

在确认所有资料都填写齐全时，小高请白女士在休息区等候，自己去帮助其他客户办理业务。

由于是暑期，办理境外汇款业务的人较多，白女士等了1个多小时后来到柜面办理业务。

没有想到的是，柜面人员的答复让白女士很忐忑，原来白女士当年购汇50000美元的额度已基本用完了，剩余额度不够当日要汇出的学费。

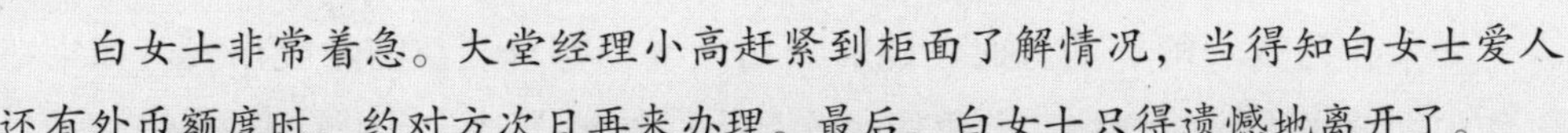

白女士非常着急。大堂经理小高赶紧到柜面了解情况，当得知白女士爱人还有外币额度时，约对方次日再来办理。最后，白女士只得遗憾地离开了。

从这个案例可以看出，如果大堂经理在预处理时多问一句话，可能就会避免让客户白白等待了。

多问的一句话可以是："您今年的额度还够用吧？"

客户多数会回答："我还不太清楚，先查一查吧。"

因为，客户对银行或外管局的政策了解得不一定清楚，所以，大堂经理不仅要热情服务，还要有娴熟的行业知识。这样才能给客户提供准确到位的服务，这样做还可以避免柜员与客户发生不必要的争执，不但能够维护正常的工作秩序，还能让客户满意而归。

4. 一次到位

工作中，要努力避免由表述不清而导致的客户重复咨询。

案　例

张先生急匆匆地跑进银行，他要给孩子开张借记卡。因为银行与某医院通过合作，实现了借记卡网上挂号、自动扣费等服务。但是，挂号必须要实名。

大堂经理小杨审核了张先生本人的身份证和两个户口簿。她发现张先生与孩子不在同一户口簿中，这无法证明他们是直系亲属关系。

于是，她请张先生提供孩子的出生证明。张先生拿了个号之后就匆匆跑回家找出生证明了。

待张先生准备齐资料，来到银行排队办理业务时，又被柜面人员拒绝了，原因是出生证明也无法确认他目前是孩子的监护人。此时，张先生非常着急。

大堂经理向柜面人员询问后得知，如果孩子的父母离婚了，监护人就不一定是父亲了。所以也无法为对方开卡。

解决此问题的办法是要提供结婚证。通过大堂经理与网点主任的一再道歉与协调，最终张先生又回家取回结婚证办理了业务。

这一问题尽管得到了解决，但是工作人员付出了很多时间与精力，客户还曾经因着急而在大厅内大声抱怨，影响了网点工作的正常运行。

如果在为客户解释业务时，能够一切从维护客户利益的角度出发，如果在工作中能够做得比较细致，并争取一次到位，如果面对自己没有把握的问题时，能马上请教专业人员，就能避免此类问题的发生。

作 业

1.请回忆在实际工作中，在遵守预处理四原则方面，自己有哪些成功的经验。

2.客户办理第三方存管，在预处理工作中应做到什么？

第四节 大堂经理投诉管理技巧

处理客户投诉的价值是什么？美国商人马歇尔·费尔德认为："那些购买我的产品的人是我的支持者，那些夸奖我的人使我高兴，那些向我埋怨的人是我的老师，他们纠正我的错误，让我天天进步。只有那些一走了之的人是伤我最深的人，他们不愿给我一丝机会。"

在银行工作中，部分员工甚至领导最怕听到"投诉"两个字。

投诉，它不仅让我们在紧张的工作中，专门挤出时间花大力气去解决，员工和网点往往还要付出很大代价。因为一旦问题解决不好，还会出现没完没了的后续问题，严重时单位还会被通报批评、扣罚绩效工资等。

一些员工当听说自己被客户投诉时，第一个想法往往是"麻烦来了"。

马歇尔·费尔德对投诉的理解，让我们对投诉有了新的了解与认识：投诉不是麻烦而是机会，投诉者也是我们服务的对象，处理投诉是银行服务的一个内容，应以积极主动的心态去解决问题，应对投诉的客户心存感激，努力使他满意而归。

哈佛大学教授李维特也曾说道："与客户之间关系走下坡路的一个信号，就是客户不抱怨了。"

大堂经理应以积极的心态看待投诉，毕竟他们不是"那些一走了之的人"，他们的抱怨、投诉可能会纠正我们的错误，使我们进步，而银行也提供了使客户满意的机会，由此我们赢得了忠诚客户。

一、客户投诉的原因

客户购买产品时，对产品本身和企业的服务，都会抱有良好的愿望和期望。如果这些愿望和期望得不到满足，就会失去心理平衡，客户会由此产生抱怨和想“讨个说法”的行为，这就是客户投诉。

客户投诉最根本的原因是客户没有得到预期的服务，即实际情况与客户期望有差距。其实，即使我们的产品和服务已达到良好水平，但只要与客户的期望有距离，投诉就有可能产生。由此来看，客户投诉是不能完全避免的。投诉的原因包括以下几方面。

1. 服务差错

银行中的投诉，最常见的是长短款问题、客户漏签字或银行留存的凭证付给了客户、工作中忘记复印证件而需要客户再次返回银行等都有可能引发投诉。

2. 客户对服务人员的服务态度及行为不满

比如没收假钞时，因工作人员的解释生硬而引发与客户的争执，最终造成了投诉。

3. 客户对管理规定与内部流程等问题不满

比如为未成年儿童办理开户、挂失、提前支取等业务，仅限于其监护人（一般为父母亲），爷爷、奶奶如不是法定监护人，即使携带的手续齐全，也是不可以办理的。还有非直系亲属代办有关外汇业务，因无法受理而引发的投诉。

4. 客户自身能力不足造成损失而迁怒于银行

比如客户使用自助设备存款时，将捆好的钱在没有拆开捆钞条、皮筋或夹杂着异物时就放进了存款机，导致该笔交易失败，存款机出现故障停机。客户在急着给他人存钱或还贷款时，往往都会面对有时间限制这一问题，客户通常会认为是银行的设备有问题而造成了他们的损失，却很少想到因自己使用设备不当造成设备损毁。

5. 不可抗力引发客户不满

不可抗力常见于银行系统的脱机，公安局、外管局的网站联网故障，客户在等待中没有工作人员告知系统恢复的时间所引发的客户投诉。

造成投诉有时也与客户的个性及经济承受能力等多方面原因有关。就客户的诉求与投诉的关系来讲，大多数客户是就事论事的，我们将其称作就事论事解决问题型客户。

对就事论事解决问题型的客户，如果不能及时处理问题，对方就会产生被漠视的感觉，这种客户就有可能转为牟利型或扬名型，那时，他们投诉的目标往往会超过投诉问题的本身。

二、客户投诉的目的

解决客户投诉的前提是要了解客户投诉的目的，客户投诉的目的有以下几方面。

（1）引起银行的重视、关心和尊重。

（2）要求银行员工了解他们的问题或意愿。

（3）得到补偿和赔偿。

（4）问题能够尽快得到解决。

（5）确保问题能得到彻底解决并不再出现新的麻烦。

三、处理投诉的步骤

在处理客户投诉时要本着客户满意度最大、银行损失最小的原则。还要遵守有效处理投诉的步骤。

有效处理客户投诉的步骤是：

第一步：快速反应

做到关注客户，热情问候客户，耐心询问客户，适时隔离客户。

第二步：关注客户情绪

安抚客户情绪的具体方法是：

体谅客户的情绪。给客户送上一杯水，给客户发泄的机会，让对方说出自己的不满。

倾听客户的心声。做到不打断客户的倾诉，并使用合理的应答等方法，使客户的情绪得到宣泄。

“同理心”回应客户。“同理心”回应就是站在客户的角度思考问题。可以使用重复客户语言的方式，进行“同理心”表达。

客户在投诉时会带有强烈的感情色彩，其做法往往具有发泄的性质。对此我们要牢记：愤怒的客户并不是针对我们的，他们是针对问题或发生的事情而气愤，要做到不要让客户的情绪影响自己的情绪。

第三步：处理问题并提出解决方案

在处理问题、提出解决方案时，如果可能，争取给出两个方案让客户选择。在处理问题时，不要轻易提出“赔偿”二字。

遇到无法弥补的错误时，可以通过补偿性关照方案解决问题。比如打折、免费赠品，包括礼物、产品或服务。通过个人交往，表示歉意和关心。

需要注意的是，补偿性关照是在感情上给客户一种弥补和安抚，是给客户制造一个惊喜的体验，以使客户逐渐恢复对银行的忠诚。

第四步：确认满意，礼貌送别。

四、投诉处理中的注意事项

1. 杜绝下列语言

“你先冷静一下。”

“你先别激动。”

“你可能还不太明白。”

“你肯定搞混了。”

“我敢肯定，是你弄错了。”

“我们不会，我们从没有，绝对不可能，我没有说过这种话。”

“事实上，你应该……这是银行的规定。”

语言反映的是一个人的思想境界。上述语言反映的是比较狭隘的将责任推卸给客户的一种思想。客户在面对这种思想和态度时，情绪不但得不到缓解，反而还会使矛盾激化。

2. 杜绝下列行为

（1）在处理投诉的过程中，应杜绝以批评自己的同事和银行来博得投诉客户的好感的做法，这是极端错误的做法。

（2）在处理投诉中，急于给出解决方案的做法也是不可取的。解决问题的方案应在细致了解客户的目的后酌情给出。

（3）在处理投诉中，应杜绝只有道歉没有进一步行动的做法。

（4）在处理投诉中，更应杜绝完全没有反应、怠慢客户、粗鲁无礼、缺乏耐心、急于打发客户、逃避个人责任或急于为自己开脱的做法。

作 业

1.请想一想，在处理过的投诉中有哪些成功的案例，成功的原因是什么。

2.在处理投诉时，是否说过不该说的话，做过不该做的事，杜绝这些现象发生的方法是什么？

大堂经理的服务程序

大堂经理的服务通常分为三个部分，即迎客、待客及送客。

一、迎客

大堂经理要做好每天早晨，在网点开门时的夹道迎客工作，还要做好全天工作中所有客户到来时的日常迎接工作。

1. 夹道迎客

（1）夹道迎客时的位次。夹道迎客时，以进门方向为准，第一领导位于右手距门最近的位置。其他人员按身份的高低顺序排列（图 101）。

（2）夹道迎客的程序。夹道迎客时，微笑的表情、规范的站姿、上身略前倾的致意方式及温馨而整齐的声音，会给客户带来美好的心情，也能反映出银行员工良好的精神状态。

为了达到上述目的，建议大家在开门迎客时，首先，由第一领导侧转身，

门

1 2
3 4
5 6

图 101

面向客户行致意礼，并致欢迎词“欢迎光临！”（图 102）之后，保持欠身致意的姿态。其他参与夹道迎客的人员，以侧转身致意的方式齐声复诵一遍“欢迎光临！”（图 103）最后，大家集体还原为站立的姿态。

图 102

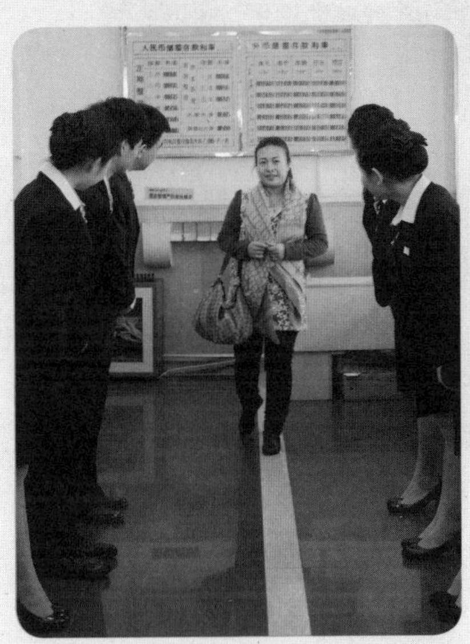

图 103

夹道迎客时，柜面人员以规范的站立姿态，面带微笑，向客户行注目礼（图 104）。

2. 日常迎客

在工作中，大堂经理在可能的情况下，会将自己的工作区域安排在距离网点大门比较近的地方，这是一种很好的服务意识。这样做不但可以做好后续的分流工作，还能使前来办理业务的客户受到大堂经理热情的迎接。

图 104

图 105

大堂经理在日常接待中，应借鉴酒店人员的服务方式。

（1）让客户首先看到自己的笑脸。

（2）在可能的情况下，以走向客户（哪怕只是一两步）的方式迎接对方。

（3）边欠身致意，边问候和询问客户 ：“您好！请问您办理什么业务？”（图 105）问候和询问客户时，对于熟悉的客户，可以这样问候和询问 ：“阿姨，您好！是来交电话费吧？”

二、待客

客户完成业务的整体过程叫做待客环节。在待客环节，大堂经理不但要做好分流、预处理、客户识别等工作，还要有“营业中动线管理”的意识和技巧。

1. 动线管理

客户动线，简而言之，就是客户在营业厅行动的路线。

（1）大堂经理要从客户的角度，用客户的视觉感受、心理需求、行进习惯来安排服务场所的功能区分布、设施摆放、服务标准。

（2）大堂经理要从客户的角度，用客户的双脚、双眼及感受来评判营业厅的环境、设施、人员服务等整体情况，从而发现并解决问题，获取客户满意。

客户动线是一条封闭的路线。

从客户步入营业厅起，他们通过咨询、等候、办理业务、离开营业厅，在这一封闭的路线中，大堂经理要努力做到让客户在自己的视线中，及时发现客户需求并提供热情的、恰当的帮助。

客户动线是大堂经理巡视的轨迹。

当询问大堂经理“您每天都是按照什么顺序进行巡视的”时，部分大堂经理会反问 ：“还有顺序？哪儿忙就去哪儿吧。”或“哪个区域的客户多，就多巡视一下。要么就是哪里发生了矛盾、纠纷，就马上到哪里去。”

通过待客环节的学习，大堂经理可以根据所在网点的布局及客户动线特点决定巡视的顺序及巡视至各区域内的核心服务内容，避免巡视的无序和服务的脱节。

2. 营业厅功能区与客户动线

一般情况下，客户动线所确定的网点巡视顺序依次是：正门咨询接待区、自助服务区、休息等待区、业务受理区和理财室。

现在把自己当作客户设身处地地进行如下思考。

（1）自己的业务最终要通过柜面人员来办理，可是，在临柜之前，自己是否在咨询、填单、等待等很多环节需要得到帮助？

（2）在没有得到应有的帮助时，在临柜前也许已经产生了抱怨乃至投诉的心理。

（3）贵宾客户认为自己应该是网点服务的重点，但在银行的多数网点里，因为贵宾客户是少数人，所以大堂经理的巡视会后置，有时会让其产生被对方冷落的心理。

客户的抱怨会由许多原因引起，但是，当我们将营业厅功能区的巡视以客户动线顺序的方式完成时，客户的抱怨一定会减少。

大堂经理还要把握动线管理的灵活性。由于各网点的差异，上述动线顺序是可以调整的。大堂经理应根据自己网点的布局、客户的特点来安排每日巡视的顺序，也可以在不同时段重点关注特定的区域。比如早晨刚刚开门营业时，可以首先从自助服务区开始巡视。

3. 大堂经理在不同区域的工作重点

（1）正门咨询接待区。在正门接待区，大堂经理的核心作用是做好预处理（含咨询解答、填单指导等）及分流引导工作。

根据客户动线的要求，大堂经理在客户进入网点后，首先要清楚自己的核心职责是做好分流和预处理工作。

分流和预处理时，应处理到位，以避免反复。否则，不仅增加自身的工作负担，更容易给客户留下责任心不强、专业程度较差的负面印象。

面对分流，部分客户会认为自己清楚银行业务，而不屑回答我们的询问。此时，大家的询问如果能与客户的利益相关，就容易得到客户的配合。

案　例

大堂经理询问道：“先生，您好！请问您办理什么业务？”

客户回答道：“忙你的吧，别管了。”

大堂经理继续询问道："抱歉！如果我知道了您要办理的业务，也许能帮助您节省时间呢。"

客户马上问道："是吗？"

最终，客户高兴地说出了自己要办理的业务。

（2）自助区。在自助区，大堂经理的工作重点是给具备自助能力但还不会使用设备的客户做示范，对不具备自助能力的客户提供协助。

自助区的自助设备（ATM、BST 等）故障率比较高，大堂经理要增加对这一区域的关注度。在为客户提供帮助时，大堂经理要适度，特别是在客户输入密码及存取款等环节要回避（图 106），因为客户信任而替代对方做汇款等业务的做法是错误的。

图 106

（3）休息等待区。在休息等待区，大堂经理首先做好客户关怀，其次要追加预处理，最后才是进行针对性的营销工作。

研究表明，在银行网点内，客户等待的时间不同，其情绪体验也不同（图 107）。客户等待 10 分钟是其耐心的临界点。大堂经理对等待超过 10 分钟的客户要进行第一次关怀，即口头关怀。口头关怀的内容，可以是通过告知对方等待原因、预计等待时间的长短，引导客户观看银行宣传折页、宣传视频、贵金属展示台等。如果是自己熟悉的大客户，还可以与之寒暄，避免客户出现烦躁情绪。比如，"不好意思，让您久等了。前面还有两个号，请再稍等一下。"

客户等待超过 15 分钟，大堂经理就要进行第二次客户关怀，即行为关怀。

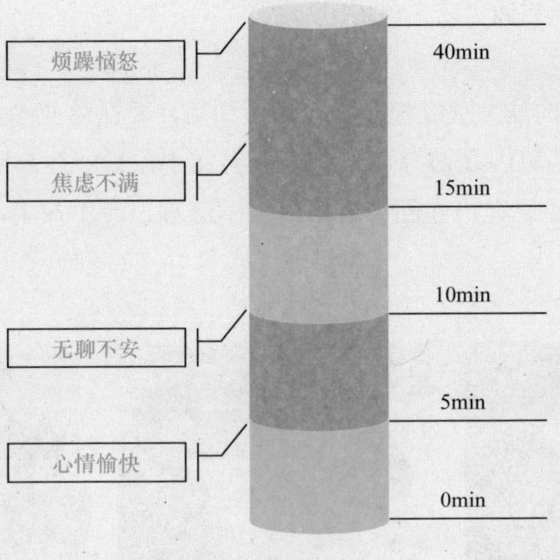

图 107

比如为客户递上一杯水，递上一份报纸杂志供对方观看等。

客户等待 40 分钟以后，往往会出现烦躁甚至恼怒情绪。此时，可以通过送客户一些小礼品，通过将客户引领入贵宾室休息的方式安抚对方。

（4）业务受理区和理财室。在业务受理区，大堂经理的工作重点是维持秩序，协助柜员、理财经理完成工作等。

三、送客

很多大堂经理十分重视送客环节，因为大家十分清楚服务要做到善始善终，大家还十分清楚客户在完成业务走出营业厅后，往往对离开银行时员工的行为印象很深。

为了很好地完成送客环节，大堂经理应从“迎、陪、停”三个字做起。

1. 迎

任何客户将要离开银行网点时，大堂经理在可能的情况下，要首先走向客户，这一过程叫做“迎”。

比如一位柜面人员在与办理业务的客户道别时，大堂经理首先迎着客户走过去，并询问道：“张女士，您的业务已经办好了？”（图 108）。

2. 陪

在完成“迎”的过程后，大堂经理要转身陪同客户，并将客户送至营业厅大门处。这一过程叫做“陪”（图 109）。

3. 停

所谓的“停”，是大堂经理在与客户道别后，要在营业厅大门处，在可能的情况下停留片刻。原因是部分客户有可能会在走出营业厅后回身与我们再一次道别（图 110）。如果客户在回身道别时大堂经理已经不在了，将会给客户留下遗憾。

图 108

图 109

图 110

作 业

1. 请举例说明，讲究服务礼仪，给大堂经理的工作会带来什么作用。
2. 大堂经理为什么要对客户进行动线管理？

第六节 案例分享

在大堂经理的职业生涯中，借鉴他人的经验或汲取他人的教训，都可以使自己进步得更快些。这一节将提供5个来自于大堂经理的案例，期待这些案例能给各位带来启发和借鉴作用。

案例一：一张假钞

银行营业网点内，忙碌而有序的办理业务中，有位女士拿着一把散钱，排到窗口办理信用卡还款业务，存款时柜员告知有一张100元假币，当时客户就懵了，想看一眼这张假币，“能拿出来给我看看吗？”柜员不假思索地回答：“抱歉，我行有规定，不可以。”客户当时就火了，硬是叫柜员拿假币给她，并大声斥骂：“你们什么银行，凭什么说假钞就是假钞，我看看都不行呀，气死我了……”

听到柜面的争吵声，大堂经理急忙过去了解情况。他真诚地向客户说了声抱歉，“您先消消气，我非常理解您的心情，谁受到损失不急呢？同时也请您理解我们的工作，柜员没收的假币如果再次流入社会，还会有人像您一样受到损失，所以说假币是不能再次拿出柜面的。我行的柜员表达有些生硬，请您谅解。对于这张假币，如果您有疑义，可以凭《假币收缴凭证》到中国人民银行进行鉴定。”为了不影响其他客户办理业务，大堂经理把这位女士引到了旁边，给她倒了杯水。

这时客户情绪有些缓和，说话语气好了很多，客户说很少见过假钞，想看看假钞的特征，以防再次受骗，当时对柜员没有商量余地的答复很生气。找到了客户发火的原因后，大堂经理向领导请示，把假币盖上戳记，然后给客户看了一下。同时请刚才的柜员给客户讲解了人民币的特征以及防伪标记。客户对大堂经理的处理方式表示满意，大堂经理又不失时机地给客户推荐 VIP 卡办理信用卡自动还款等业务。客户高兴地离去了，事情得到了圆满解决。

案例分析

在大堂经理细致入微的服务中，客户对银行的忠诚度得到了进一步的巩固，这一案例事件并不算大，但从中可以感觉到大堂服务的灵魂，在严格遵循业务要求的前提下，多从客户角度出发，“急客户之所急，想客户之所想”，真诚地替客户解决问题，这样才能够得到客户的肯定和认可。

案例二：小额账户管理费

中午 11 点多了，大堂内排队等候的仍有 10 多位客户。一位 60 岁左右的老年人匆匆走进银行。大堂经理举手招迎并问候：“您好，请问您办理什么业务？”

老人说：“我就想开个活期存折，能快点不？”

大堂经理答道：“您看大家都排了半天队了，您也只能等。您的身份证带了吗？我们可以先填写申请表。”

老人推开表格说：“我岁数大了，眼神不好，年轻人你就给我填了吧，我相信你。”

大堂经理耐心答道：“我可以帮您写地址，但姓名、金额都得您自己填写。您开存折呢还是开张借记卡？将来用卡可能更方便，很多业务在自动柜员机就能办理了。”

老人摆摆手，说道：“我们老年人不会用啥卡的，再说我就是开个存折交有线电视费。要不干吗着急呢，一会儿歌华有线该下班了。”

大堂经理答："哦，是这样。我先帮您写地址吧。您知道日均余额 300 元以下要收费吧？"

老人有些不满了："交有线电视也要收费？是光你们银行收费，还是所有银行都收费？"

大堂经理答道："这是小额账户管理费，日均余额 300 元以下每季度扣 3 元，如果您能保持存折余额在 300 以上就不收了。其他银行我不清楚收不收，但我们行目前肯定收。"

客户仍有疑问："对于缴费的存折也没有减免吗？银行不是在整治不规范的收费吗？报纸上说了，动不动就好几百项费用，老百姓的钱都给你们收费了……"

大堂经理仍然耐心回答："我们银行确实在治理不规范的收费，但是小额账户管理费目前不在减免范围内，我也没办法。不信您可以看看我们的收费公示。"

老年客户表情明显不满了："我看不懂你们的收费项目，好几百项呢。反正不是让我多存钱就是扣我管理费，隔壁的银行不知怎样，干脆我再去问问得了。"

大堂经理将申请表退给老人，向其送别："那好吧，您再选选，欢迎您到我行办理其他业务，再见！"

案例分析

在大堂经理与老年客户的一问一答中，表面看都礼貌亲切，但是暴露出"自我、自大、自私"的心态。

"您看大家都排了半天队了，您也只能等"，"小额账户管理费目前不在减免范围内，我也没办法"，这是"自私"的表现，大堂经理没有替客户着想，对于老弱病残孕的客户可以适当照顾，并且对于 VIP 客户在很多费用上是有减免措施的，可以简单介绍一下，可能挖掘出优质客户。

"其他银行我不清楚收不收，但我们行目前肯定收"这是"自大"的表现，也有的员工常说"我们银行就这规定"，银行员工以凌驾于客户之上的心态在表达，使客户很反感。此时可以换种说法："为了给客户提供更好的服务，银行在部分项目上进行了小额收费。希望您能理解。"

"我可以帮您写地址，但姓名、金额都得您自己填写。"在与老年客户的问答中，大堂经理基本只站在自己的角度解释，没有考虑老年人的难处，也没能表达出理解之意，对老人焦急的心态没有安抚，这是“自私”的表现。

案例三：外币取现

某天中午，正是柜员换班吃饭的时间，只有两个窗口办理业务，客户钱先生在银行经过较长时间的等待后到柜面支取美元，与此同时在另一个窗口也办理美元支取业务，柜员查看了库存，告诉钱先生取美元的客户格外多，库存不多，能否少取一点。当时钱先生在没有任何先兆的情况下就爆发了，他很大声地说必须取出全部美元，存款自愿，取款自由，并表示银行现在都在刁难客户，有钱也不给取，下午家里还有急事，如不为其支取，他就要投诉。

当时的场面极大地影响了银行的营业秩序。大堂经理见状立刻上前安抚客户，将其带离大堂，引导到接待室，沏上茶水，并请来网点主管一同对其进行安抚解释工作，以表达对客户的尊重与重视。同时柜面人员和大堂经理积极联系附近网点，请求美元库存支援，客户开始情绪还很激动，不愿去附近网点支取（即便表示打车带他去），但看到大家如此尽心想办法，终于提出愿意去附近网点支取，大堂经理问到客户取美元是否是出国用，钱先生说：其实也不是那么着急用美元，只是他经常在国外工作，现在又搬家了，以为结清账户必须到原开户行，所以专程开车到此来办理手续，没想到等了 1 个多小时，区区几千美元都取不到，当时火气一下子就上来了。通过进一步沟通，了解到客户有旧版的 VIP 卡，因搬家且经常出国，已经两年没办理业务了，大堂经理建议客户在柜面开立新版 VIP 卡和网上银行，便于在国外使用。钱先生的美元最终没有取走，而是办理了理财产品，他表示刚才情绪确实有点激动，向银行的同志们表达了歉意，并表示对理财产品很满意。

案例分析

这一事件并不罕见，每个支行都曾遇到资金不足的情况，但从中可以吸取的教训是：

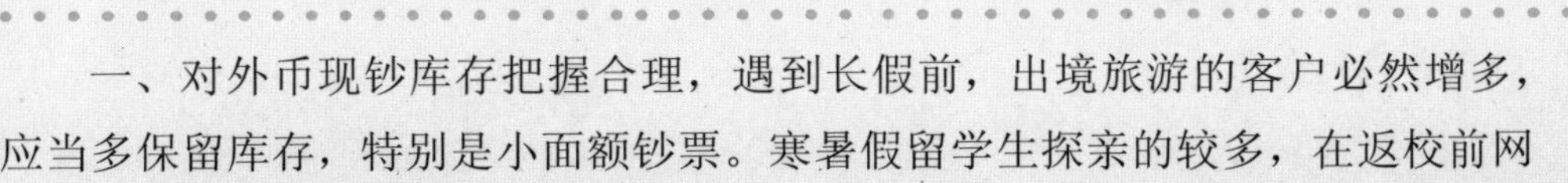

一、对外币现钞库存把握合理，遇到长假前，出境旅游的客户必然增多，应当多保留库存，特别是小面额钞票。寒暑假留学生探亲的较多，在返校前网点也应多留些外币库存。

二、对于没有预约外币的客户要按量控制，为保证更多人的利益，让客户少量取现，并及时告知预约电话。

三、问清客户取现金的真实用途，一方面是外汇管理制度监督的需要，一方面帮助客户理财。有的客户取外币不是真正要消费，也许是看到其他行的利率较高想转走。这时要帮客户分析他的外币账户是现钞还是现汇户。如果汇户取现将来要兑换成人民币的话损失可就大了，可能远远超过同业银行利率的差价。当你站在客户的角度用专业知识为他解释，让他真正体会到你在诚恳地帮他理财，替他着想，就会获得客户的肯定与信任。

案例四：等待中的营销机会

某新开业的网点，平时办理业务的客户比较少，但是这天下午四点多钟，一下子来了10多位客户，三个窗口都在忙碌着，其中一个窗口正在为一个对公客户办理开户的相关业务，手续十分复杂，其余两个窗口也是办理理财业务的，先开立借记卡以及电话银行、手机银行、网上银行，再买理财产品，手续同样比较麻烦。其余客户大部分是开借记卡的客户，大堂经理有条不紊地忙碌着，耐心地为客户取各种单据，并指导客户填写。这时，一位女士大声地嚷了起来，意思是自己已经等了半个小时了，还没有叫到自己办理业务，甚至窗口不见有办理的迹象。她情绪有些激动，扬言要把钱全部取走，以后再也不来这家银行存款了。

大堂经理见状立刻上前安抚客户，并且询问客户要办理什么业务，问清客户是想将活期存款的一部分转存成定期存款，大堂经理一边问张女士想转存多长时间的定期，张女士说孩子还小，这钱用不到，想存长期的，并问大堂经理5年存款合适不合适，大堂经理一听立刻为客户推荐了保险产品，耐心为客户解释该产品的优点，并且告诉张女士，简单地为孩子存笔钱，不如为孩子买份分红产品，在孩子上大学时就可以派上用场，该产品在获得收益的同时还可以得到一份意外保障。张女士听得来了兴趣，当即买了2万元的保险。大堂经理指导客户填写保单，张女士对服务很满意，并且临走时嘱咐大堂经理再有好的产品要通知自己。

案例分析

张女士最终没有将钱取走，并将存款购买了银行的保险产品。一场危机就此化解，一名边缘客户被我们的真诚态度和优质的服务打动。

当前，银行的客户多、排队等候现象严重。客户们怨声载道，银行的工作人员也很挠头。但同时人多也是机遇，大堂经理在巡视中可以发放宣传折页、理财产品介绍，同时挖掘潜在的优质客户。让客户们在等待中有所收获，使客户等待也有了价值。

案例五：变更的护照

这天是周一，来银行办理业务的客户特别多，王先生下午3点来网点办理信用卡还款业务，VIP前面等待的客户有3位，并且办理的都是现金购汇和国际汇款业务，不仅业务复杂，而且现金量大，清点现金需要很长时间，大堂经理看到这个情况，主动向领导反映，并且派一名工作人员在大堂协助客户填写汇款单据。王先生等待了20分钟感觉柜面太慢，大堂经理向客户推荐ATM机还款，客户称要还美元账单，ATM机不能解决。王先生又等待了一会儿，看到柜面还没有叫号，情绪有点激动，开始抱怨信用卡不能自动还款，需要经常到网点还款，等待时间长，没有享受到VIP的待遇，开始大声宣称要投诉。大堂经理看此情况，立刻将客户请到理财室，安抚客户的同时也保证了大堂的正常营业秩序。

进入理财室后，大堂经理为王先生沏茶倒水，劝他不要着急，一定帮助解决还款问题。经过了解，王先生信用卡不能自动还款的根源在于变更过护照号，但是他也提出旧的护照已经没有了，不能为银行提供，如果问题不能解决，就将卡片都销户，将资金也转走。大堂经理认为只要信用卡和VIP卡关联后，就不用在柜面还款了，也就不用等很长时间了。王先生对大堂经理的说法很

认同，只要解决了这个问题，仍愿意使用该信用卡。大堂经理看到王先生是VIP客户，办理一张白金信用卡是非常好的解决方式，并且这样就和现有的VIP卡证件相符了。客户听到将办的信用卡是一张高端信用卡，附加很多增值服务，十分符合自己的身份，立刻填写了申请表。王先生白金卡的成功办理，也解决了卡额度偏低的问题。他认为网点的服务非常好，十分认可大堂经理的工作，大堂经理将网点客流量少的时间段告诉他，他也表示以后会在上午来网点办理其他业务。

案例分析

大堂经理在客户流量大时及时上报领导，协调同事共同在大堂服务，使现场管理得以正常运行。在解决客户投诉时，发现客户不仅仅抱怨等待的时间长，而是业务遇到了问题，使简单业务变得复杂化，大堂经理适时地推荐了产品，不仅使客户满意，更使棘手问题迎刃而解。

作　业

1.从上述的成功案例中可以发现，尊重客户是成功的关键。请回答在上述案例中大堂经理是如何对客户表达尊重的？

2.请讲述一个自己成功的案例，并从礼仪的角度分析成功的原因是什么。

第三章

客户经理礼仪

在这一章中，将学习客户经理的形象价值、介绍的礼仪、名片的礼仪、位次的礼仪等内容。

客户经理的形象价值

这个世界上没有只赚不赔的市场，同样的道理，也没有哪家银行、哪个金融产品可以永远一枝独秀，但却总有一些明星客户经理能够始终赢得客户的信赖。金融风险从来不会消失，在各类资产证券化、原生性金融产品衍生化趋势日益加强的情况下，存在金融风险也是正常的，客户对于银行出售的理财产品和代理的金融产品心存疑虑也是必然的，但我们常常忽视的是客户在评估一只产品时，竟会将客户经理作为产品的一部分。

因此，一位客户经理曾经说过，你以为我只是在销售产品吗？不是。很多时候我是在销售一个被客户喜欢并信赖的风格。美国得克萨斯州立大学奥斯汀分校在对 2500 名律师进行调查后发现，形象不只是美观这么简单，它甚至可以影响个人收入，仪表形象较好的律师的收入高于其同事 14%。

一、形象是产生第一眼信赖的基础

由于金融行业的特殊性，客户经理必须很快建立信任感、亲和力，客户在第一眼看到时的感觉对于接下来的交往将产生至关重要的影响（图 111）。客户经理需要有计划、规范性地进行客户关系维护，不断挖掘财富客户及存量中端客户的营销，而进行这些的前提是客户接纳并信赖自己。尽管我们一再告诫自己不要以貌取人，但仔细想想，在生活和工作中我们又总是在以貌取人，客户也不例外，他们常常会从外表上去判断一位客户经理的专业性，听上去这似乎

图 111

有些可笑，客户怎么会依据外表来判断一个人的专业能力、学识背景呢？是的，人与人在见面时，总会通过外表去联想到很多内在品质。

案 例

小王与小李是大学同学，毕业后进入了同一家银行，不久又先后做了客户经理，但两个人的业绩却相差甚远，小王在几年中积累了很多优质客户资源，在与这些客户保持良好关系的同时，也帮客户打理着他们的资产，甚至有些时候，他不需要过多介绍某些理财方案，客户就会打断他说，行了，就按你说的办，我信你。而小李的境况却有所不同，他是一个非常勤快的人，他相信成功会眷顾勤奋的人，于是，他骑着自行车在这个不大的城市里终日忙碌着，不在网点，就在去拜访客户的路上，然而一番奔波，却在业绩上总是逊于小王，这让他很郁闷。

在一次大学同学聚会上，同学拿他们打趣："小李，你现在是不是不在银行了，做 ×× 产品传销呢吧。"他慌张地说："那是违法的，我哪敢传销，还在银行呢。"结果同学们笑得更厉害啦。"你看看你那双鞋，哪还像个大银行的客户经理，你不知道在华尔街有句话说，不能信赖穿着一双脏皮鞋的人吗？"

这句话让小李很窘迫，也让他豁然开朗。是啊，如果客户看他像搞传销的，那么还能信赖他的理财方案和金融产品吗？

二、形象是客户经理的个人品牌

良好的形象总能给人带来愉悦的感觉，试问哪个客户会与一个看上去像是小混混一样的客户经理打交道？有经验的客户经理都深谙一个道理，让客户看着舒服和感到受尊重是注重形象的真实原因。客户怎样去判断客户经理的服务是否热情，良好形象所传递给客户的美好感受就是热情的写照。客户怎样判断客户经理的工作态度，形象就是对态度最好的注解。客户怎样判断客户经理是否专业，从梳理整齐的发型、一丝不苟的穿着、规范得体的举止中就能感受到专业金融人士的风范。如果已经从形象层面传递出这么多隐性的可贵信息，又怎么会树立不起个人品牌呢。

现在不少客户对于银行品牌的忠诚，也是因为首先忠诚于某位熟悉的客户经理或银行员工，甚至成了朋友，这无疑是客户服务的最高境界。

案 例

王强是一个网点的客户经理，在这个毗邻社区的网点工作了两年，兢兢业业的工作态度和专业、热情的服务使他积累了很多客户资源。不曾想，由于工作需要，他很快要调到其他网点去了。说实话，他也有点郁闷，他现在和许多客户都成了朋友，有时业务的处理过程也伴随着聊天、拉家常，他和客户都很享受这样默契、愉快的工作感觉。现在要被调走了，他又要从头干起，去培养客户。

不过，他很快就在新网点热情地投入了工作，更令他诧异的是他的有些客户居然也跟随过来了，甚至有位老客户张大爷买国债和理财产品，居然乘几站地的公交车专门来找他。他也劝过张大爷，可以继续在那边的网点办理业务，银行的客户经理都是一样敬业的。但张大爷说，你是我见过的最专业的客户经理。

王强心里很清楚，所谓专业，有时就是一种感觉，而这种感觉无疑与他的着装有关，他不帅，也不算英俊，但他却坚持做一件让他看上去很专业的事情，衬衫必熨烫妥帖平整。别看这是个小事，可在客户眼里不是小事，他的衬衫领子始终能够标准地高出西装领子，不是服装多么合体，而是他熨烫衬衫领子花了心思。

客户经理所树立的个人品牌，无疑是对银行品牌的最好诠释。所谓品牌一

定是建立在每一个可被客户接触到的瞬间和层面的。有的客户经理就是这样树立了个人品牌，而这样的品牌并非一朝一夕就能塑就，需要的是坚持和对职业的激情。

三、形象能够产生效益

这不是玩笑，形象的确能够产生效益。

案　例

一位头发凌乱、衣服褶皱的客户经理接待了一位客户，而这位客户是大堂经理识别到的一位潜在财富客户，大堂经理立刻介绍给了客户经理，而恰巧这位客户也对一些金融产品有兴趣。

但是客户经理和这位貌似有兴趣的客户的交谈并不顺畅，无论他怎么费尽唇舌去向客户介绍银行产品，客户的关注点似乎就停留在客户经理皱巴巴的工服上，根本没有心思听其介绍产品，而此时语言的专业性丝毫无法吸引客户的目光，几分钟后，客户突然表示有急事而起身告辞。

大堂经理正在接待其他客户，却发现这位客户急匆匆走掉了，百思不得其解。因为很明显，在他和客户最初的交流接触中，明显感到此客户对其中一款产品非常有兴趣，然而现在却匆匆走了

正如上面的案例所展示的那样，没有良好的形象，又何来产品营销？法国时装设计师夏奈尔曾经说过："当你穿得邋邋遢遢时，人们注意到的是你的衣服；当你穿得无懈可击时，人们注意到的是你。"

曾经有一位客户在离开银行网点时，一边走一边向大堂经理抱怨说："银行的客户经理每天说着一样的营销辞令，全然不顾客户感受而滔滔不绝，那头发都黏腻在头顶了，发出一股老油气，你们别每天只盯着客户的钱，也整理一下个人形象好不好。"

这些话固然说得让人有些难堪，但透露了一个非常重要的信息，客户总希望与他身份相匹配的人交往。衣冠楚楚的客户也就更加在意为其提供金融服务的客户经理的形象。因此，有时客户拂袖而去或匆匆离去，并非产品不尽如人意，

有时，引起客户不悦感受的可能是对方凌乱的发型、褶皱的行服、满嘴的口气、不拘小节的行为。

三国时期曹操曾经这样说过，“君子整其衣冠，尊其瞻视，何必蓬头垢面然后为贤？”

即使是谦谦君子，也要使其衣冠整齐，使与瞻视有关的内容看上去令他人感到受尊敬。而作为体现严谨、规范、专业的银行员工的形象也务必应传达出这些信息。

1996 年，李维斯公司进行了一次大规模的调查，希望了解消费者穿衣的动机以及他们所期望的社会效益，他们惊奇地发现，人们穿衣服的最大目的不是为了漂亮和其他，而是为了增加自信。这个调查显示，60% 的人认为穿衣是为了增加自信，51% 的人是为了在压力下保持镇静，49% 的人期望自己看起来理解和关心人，41% 的人渴望看起来聪明，而只有 6% 的人是为了看起来漂亮。

作为一名客户经理，自己的形象应该传达出哪些信息呢？专业、敬业、热情、高效……是的，形象不是漂不漂亮那么简单，它的背后蕴含着一个人的修养、专业能力、工作态度、敬业精神和待客之道，不能轻视。因为，形象也可以创造价值。

作 业

1. 请谈一谈你对“客户经理形象可以创造价值”的具体理解。

2. 假设自己是一名客户，你对客户经理的形象有哪些期待？

第二节 介绍与名片的礼仪

语言得体、举止适度、服务专业，这是银行员工应有的表现，而介绍与名片礼仪又是面对初次相识的客户时，最需要掌握和注意的一个礼节。

一、介绍

1. 自我介绍

（1）什么时候需要自我介绍

①被介绍与客户认识时。当大堂经理将一位客户推荐给客户经理进行跟进服务时，客户经理需向客户进行自我介绍，以便让客户准确了解你的姓名、职务和业务特点等信息，这样方便后续服务，彼此的交流也会顺利一些。

案 例

客户经理李建在网点一直等候着朋友，因为他的一位朋友今天要介绍一位客户给他，李建特意在网点门口迎候。正是季度末，此时的这位新客户对他完成业务指标也是有帮助的，再加上又是朋友推荐的大客户，他不能掉以轻心。

朋友的车开过来后，他抢步上前打开车门迎接他们，朋友感觉很有面子，也很开心地介绍他们认识，李建随之进行了简单的自我介绍，并表示了欢迎之情，随后他们步入网点。一边走，一边聊天，赢得首轮印象之后，随后的交流变得十分顺畅，而且李建在简短的自我介绍中也涵盖了很多有价值的信息，使与客户的沟通有话题，有趣味。

不能小看自我介绍，也不能认为对方已经介绍过自己的姓名和职务，无须再多一遍自我介绍。其实不然，旁人的介绍也许仅限于姓名和职务，而自己的介绍则会通过对客户的判断提供有针对性的信息。比如产品信息、个人爱好、对对方的赞美，都可以在自我介绍中用几句话巧妙完成。

②递送名片之后。当客户经理向客户递送名片之后，为了让客户快速了解自己，可以在递送名片之后，进行一个简单的自我介绍，使客户对自己多一层了解。

案 例

一次，客户经理小王在营销酒会上认识了一位客户，便主动向他递送名片，很显然客户也是很知礼的人，客户接过名片看了一下，想要阅读并寒暄，却又停顿了一下，小王马上意识到是自己的名字当中有个生僻字，客户为避免出糗，不敢贸然张口。于是小王一边微笑一边热情地做了自我介绍："张总，您好，我是 ×× 银行的客户经理王谖，很高兴认识您。"他话音一落，就看见张总的脸上瞬间浮起了笑容。这样的自我介绍既体贴又得体，客户怎么会不开心。

③与客户初次相识，想要提供服务时。当客户经理在网点内发现客户需要帮助时，应主动为其提供服务，但要避免过于唐突，所以，在服务之前做个自我介绍是非常有必要的。

案 例

客户经理小吴一天在网点内看到，客户似乎对银行目前的一款短期理财产品很感兴趣，在宣传板前认真阅读，于是连忙走上前去："先生您好，我是银行的客户经理吴磊。不知有什么可以帮您的。"这位先生扭头看了看吴磊的胸牌，

然后说："这个产品可以保本吗？"吴磊连忙说："先生，您的眼光很不错，这款产品一直很热销，您请到这边坐下，这里有些资料我为您介绍一下……"

之后，这位先生很愉快地认购了20万元这款短期理财产品。

客户是需要安全感的，他们不会信赖所有人，但一般会信赖银行的工作人员，在老百姓眼里，银行和银行员工都是非常可信的。因此，有时一个规范而严谨的自我介绍就可以打消客户的疑虑，赢得客户的信赖。

（2）自我介绍的原则。自我介绍的时候，位卑者应向位尊者主动做自我介绍。比如主人应该主动向客人做自我介绍，下级向上级主动做自我介绍，年幼者向年长者主动做自我介绍。在工作场合相识，有职务的人进行自我介绍时，应该同时报上姓名、单位和职务等内容。

因此，在客户经理与客户交往时，主动进行自我介绍才是得体的，这样可以很好地体现对客户的尊重。

案　例

客户经理王磊在送客户上车后返回网点，由于客户较多，等待办理业务时间较长，客户有点不耐烦了，围拢在大堂经理旁边，而大堂经理忙着为客户解答各种问题，应对各种抱怨，他连忙走过去，想帮忙解围。

于是，他走过去想要招呼客户先坐下，耐心等待叫号，便大声说："大家到这边先坐下，很快就会排到，如果您办理的是小额存取款业务，我可以帮您到自助机操作完成，就不用排队了。"

没想到一位男士突然很生气："谁用你帮着取钱啊，谁知道你是干吗的，现在都防诈骗，我就在窗口取钱，不安好心。"

王磊一听挺生气，自己是好心帮助客户，担心他们不会用自助机具，想协助他们完成，没想到却招致客户的怀疑。他指着自己的胸牌说："我是客户经理，是协助大家防止诈骗的。我是银行员工，怎么会诈骗呢？"

没想到，这句话成了一个导火索，本来客户就因为等了一个多小时也没办成业务而心烦气躁。一听到这话纷纷指责：

"那你怎么不去窗口给办理业务？"

"你溜达什么，早干吗呢？我们排了一早晨你才来上班啊？"

“你们都是什么工作态度啊，你银行员工怎么啦，你不工作，现在跑来指手画脚！”

现场局面一度几乎不可控制。

在这个案例中，王磊最大的失误是没有主动进行自我介绍，在客户情绪激动时，如果想让其倾听我们的话或是听从我们的建议，让客户了解“你是谁”很重要，“你是谁”决定了你是否有和客户对话的资格。

在群体中做自我介绍时，如果无较大年龄差距及职位差距，可以按照顺时针的方向依次进行。

（3）自我介绍的内容。一般情况下，客户经理进行自我介绍的内容应遵循3+1原则。包括的三个信息是：我是谁、我来自哪个银行、我的职务是什么，可附加的一个信息是寒暄，比如对客户进行巧妙赞美，或是表达欢迎，也可以是某个热销产品的附带说明。

标准的自我介绍可以是这样的：“徐先生，您好，我是××银行的客户经理，我叫李琼，很高兴认识您。”

得体的自我介绍能够赢得客户的好感，也会在三言两语之间凸显自己的专业性。

2. 为他人介绍

有时，在工作中会涉及为他人介绍。比如客户经理担当介绍人，介绍不认识的双方相识，让他们彼此迅速了解信息，建立语言交流基础。

（1）介绍的顺序。在为他人介绍环节中，最为关键的是要掌握介绍顺序。一般来说，客户经理要先为客户介绍银行相关人士。基本介绍顺序是：把男士介绍给女士，把职位低的人介绍给职位高的人，把晚辈介绍给长辈，把未婚者介绍给已婚者，把主人介绍给客人，把非官方人士介绍给官方人士。

简而言之，就是把职位低者、晚辈、男士、未婚者分别介绍给职位高者、长辈、女士和已婚者。即遵守受尊敬的一方优先了解对方的权利。

特别提醒的一点是作为介绍人，应在第一时间为双方做介绍，以避免尴尬，使双方尽快进入愉快的交流环节。

（2）介绍姿态。为双方做介绍时，面部表情应微笑、谦和，具体手势是：掌心向上、四指并拢，拇指自然微分，将手指向被介绍人（图112）。

（3）介绍语言。介绍的语言力求简单、明确、彰显尊重。基本格式是：“××女士您好，请允许我向您介绍一下，这位是中国银行的×行长。”

图 112

曾经有一位翻译，面临过这样的囧境。

案　例

在一个非常高雅的商务场合，作为一名翻译，面对一位普通的项目经理和一位领导，在居中做介绍的时候，他先把领导介绍了出去。尽管当时他用词恰当，在介绍领导时也使用了赞美之词，但是，刚一介绍完毕，领导的脸就沉了下来。顺序不对，在领导看来这着实是对自己的不尊重。更尴尬的还有项目经理，被介绍与领导认识时颇为诚惶诚恐。

之后的交谈颇为不顺，在最初会面的关键时刻，介绍的顺序使双方都很尴尬，之后的交流始终如鲠在喉也是必然的。

因此，在居中为双方做介绍时应考虑好顺序和位置，此时顺序甚至比语言更为重要，顺序正确，在介绍时语言少些润色，似乎也不是大问题，但如果顺序不对，再多的溢美之词也很难弥补次序感带来的不愉快。

3. 集体介绍

还有一种介绍的场合，是为个体和群体或群体和群体之间做介绍。

这样的介绍顺序与他人介绍顺序是不一样的。个体的他人介绍是遵循受尊敬的一方有优先了解对方的权利来进行介绍的，但进行集体介绍时，规则有所不同。比如在开会时，为主席台上的人和观众之间做介绍，应先将主席台上的最高领导介绍给观众。做集体介绍时，应该按照级别的高低，由高到低的介绍，这一点和个体之间的介绍正好相反。

介绍礼仪貌似客户经理工作环节中一个不起眼的细节，但细节决定成败。因此，客户经理在运用介绍礼节时，应充分考虑介绍的时机、顺序、语言、姿态，这四个要素缺一不可。

二、名片的礼仪

在某种程度上名片的确不如产品、口才重要，但是如使用不当，一张名片也有可能毁了一宗生意。

案　例

刚刚从柜员调整到客户经理岗位的李凯，对新的岗位还多少有些不习惯，以前是隔着玻璃与客户打交道，而现在是面对面与客户交流。

一次，大堂经理介绍了一位客户给他，他连忙向对方递送名片。这位客户想要购买住房，申请个人按揭贷款，客户的资质很好，与客户的交流也非常愉快，客户也在即将告辞时主动给了李凯一张名片。接受名片之后，客户又就一些细节向他进行了详细询问，李凯也非常耐心地向客户做出说明，但是，不知为什么客户情绪烦躁起来，并立刻告辞。

临走时，他告诉李凯：“我不会再来你们银行办理任何业务，你以后也不要再随便玩弄别人的名片，你连最起码的礼貌都不懂吗？”

李凯低头看了看被自己揉捏得边角卷曲的名片，后悔不已，因为紧张而产生的一个下意识的举动，毁了他一个宝贵的机会。

名片如脸面，因此得体恰当地递送名片、接收名片、存放名片对于客户经理来说，需要的不只是了解，而是练习。

1. 名片的递送

（1）掌握时机。递送名片是一个非常好的营销方法，客户经理想要结识更多客户，获取更多客户资源，名片是一个得体的媒介，不能忽视。

案 例

乔·吉拉德是世界上最伟大的销售员，他连续12年荣登世界吉尼斯纪录大全世界汽车销售第一的宝座。他所保持的世界汽车销售纪录至今无人能破。他曾连续12年平均每天销售6辆车。

如果问他有什么销售秘诀，可能绝非一句话可以说清，这中间有坚持、有韧性、有机遇、有技巧，但是名片营销无疑也是乔·吉拉德获得成功的方法之一。

乔·吉拉德专门把名片印成橄榄绿，这样做很容易令人联想到一张张的美钞。每天一睁开眼，他逢人必发名片，每见一次面就发一张，并坚持要对方收下。乔·吉拉德解释道，销售员一定要让全世界的人都知道你在卖什么，一次次通过名片递送来加强印象。

他的想法和做法，使想要买车的人很自然地想到乔·吉拉德。

直到现在，乔·吉拉德已经不再是一个汽车销售人员，但他还是保持广发名片的习惯，他说：虽然自己已经不卖车了，但在卖书、卖自己的人生与行销经验，要寻求各种可能的演讲与曝光机会。因此，到餐厅用完餐，他总是在账单里夹上三四张名片及丰厚的小费。经过公共电话旁，也不忘在话机上夹两张名片，他永远不放弃任何一个机会。

递送名片的机会不是等来的，而是主动寻找并创造的。客户经理应在银行网点内广泛递送，但不适宜在任何地方都派送。金融行业的特殊性，决定了递送名片是一个比较严肃的过程。

（2）递送顺序。不要小看递送名片这一环节，貌似人人都知道双手递送名片，但微妙的客户感觉往往是从细节而来。比如名片递交不是随意，而是有顺序的。交换名片的一般原则是“先客后主，先低后高”。也就是说，主客之间，一般是客人先向主人递送名片，主人再回赠名片，银行工作中，则是由职位低者先向职位高者递送名片。客户经理应主动向客户递送名片，这样做可以传达愿意为其进行服务的热情态度。当向多位客户递送名片时，应由近及远依次递送，切忌跳跃进行，以免给客户留下挑三拣四、厚此薄彼的感觉。

（3）递送名片的方法。首先应从名片保管册中拿出名片，确保名片干净整洁之后，调整名片方向，以确保其朝向客户，便于对方阅读；递送时应使用双手以示尊敬；目光友好地注视对方，面带微笑地大方递出，并说“您好，这是

图 113

我的名片，很高兴为您服务。”

（4）接受名片的方法。当客户回赠名片与我们时，应礼貌起身，目光友好地注视对方，面带微笑地双手接过名片，并说“谢谢您”之后，认真阅读（图 113）。千万不要接过名片后，随手放在桌子上或塞进口袋里。阅读之后，大方念出对方的姓和职位，并看着对方，表达出愿意结识对方的友好之情。一般来说，不念出对方的全名，而是用姓加尊称或姓加职位，这样的称呼方式比较妥当。最后，要将名片妥善收藏，并回敬对方一张名片。如果未随身携带名片，一定要向对方表示歉意。

2. 名片使用细节

（1）名片的存放。自己的名片一定要放在专用名片夹里，作为客户经理，名片夹要随身携带，以便于拿取，要将客户的名片收藏在上衣内侧口袋或名片保管册中，千万不要当着客户的面随意放进口袋中，或随意丢掷在办公桌上。无论是自己的名片，还是客户的名片，都应妥善收藏和保管。

（2）尊重从名片开始。有时，在名片使用过程中，很多客户经理会让客户不愉快。比如有的客户经理喜欢接过名片后，在上面写写画画，将其当做备忘录。其实，即便是记录与客户有关的内容，对方也不会高兴。此外，也不能把玩客户名片，这是一个非常轻慢对方的举动。

案 例

宋先生一直关注着某家银行的理财产品，由于这支产品表现一直非常稳定，宋先生想重新规划一下自己的理财产品。

这天他来到银行，与客户经理小赵聊得也非常投机，便主动拿出名片并客气地说：“赵经理，以后，我可能会经常向您请教。”赵经理接过名片也很开心，由于和客户有个打网球的相同爱好，因此他们的聊天已经不仅仅局限于理财产品了。可是聊着聊着，宋先生的脸却阴沉起来，突然就起身告辞了。赵经理很纳闷，不知道突然发生了什么，惹得客户怒气冲冲地走了，他一边把玩着宋先

生的名片，一边郁闷，突然，他低头看到宋先生的名片被他记录了一串产品名称，在向赵先生做介绍时，他一边介绍产品，一边将产品名字写在宋先生的名片上，他突然明白了，一定是这个动作激怒了宋先生，这对赵经理来说，的确是一个无心的错误，却在不经意间伤害了客户。

在网点中使用名片，其实就是一个服务过程，它也会给客户带来服务体验，因此，礼貌递送、收藏名片是体现优质服务的一个途径。

案　例

王女士听了客户经理关于网上银行和手机银行的介绍后比较感兴趣，于是开通了网上银行。

但是，她担心回家后操作网上银行时有困难，于是，希望客户经理能留张名片给自己。没想到客户经理一只手拿着资料，另一只手从衬衣口袋中摸出一张名片递给了她。

王女士看到后生气地说："我是想要一张你的名片，以便日后联系，可你这是什么态度，你这样随意地扔给我，我也可以出门就随意地把它扔到垃圾箱里。"

客户经理连忙道歉："王女士，真抱歉，我不是有意扔的，只是左手拿着资料，就用右手递给您了。"

王女士不依不饶地说："总说提高银行服务质量，可是，连双手递物是礼貌你都不懂吗？"

在银行，所谓服务体验，就是客户在与银行员工交往过程中的一些细节给客户带来的感受。名片递送，看似一个微不足道的细节，但服务就是这样，全部都是微小的事情。也许一个友好的眼神就能愉悦客户的心情，也许一次随意发放名片的举动就会使客户感觉不爽，名片礼仪就是这样，只有注重细节，才能给客户带来美好的服务体验。

作 业

1. 一位借款人申请一笔个人住房按揭贷款，但客户资信情况不符合银行贷款相关政策，需要拒贷，客户经理李进已经向客户进行了详细说明和解释，但客户仍然不甘心，希望李进介绍其他客户经理与之相识沟通，李进便向客户介绍了另外一位客户经理，向他说明情况。在此次三方见面中，李进为客户与客户经理之间做介绍时，应该注意哪些细节？

2. 在一次客户金融知识大讲堂上，银行方面安排客户经理小夏做主持人，她在进行自我介绍时，应包括哪些信息？

3. 在名片使用过程中有哪些禁忌？

第三节 位次的礼仪

案 例

我们十分钦佩苏轼。

据说，在一次苏轼游完莫干山后，来到山腰的一座寺庙。方丈见来人穿着非常简朴，冷冷地应酬道："坐！"对小尼吩咐道："茶！"

苏轼落座、喝茶。当他和方丈聊天时，方丈发现来人出语不凡，马上请苏轼入大殿，摆好椅子说："请坐！"又吩咐小尼："敬茶！"

苏轼继续和方丈攀谈，他的妙语连珠让方丈连连称赞。方丈禁不住问苏轼的名字，苏轼自谦道："小官乃杭州通判苏子瞻。"

方丈听后连忙起身，请苏轼进入一间静雅的客厅，恭敬地说："请上座！"又吩咐小尼："敬香茶！"

苏轼见方丈十分势利，坐了一会儿便起身告辞。

方丈见挽留不住苏轼，就请苏轼题字留念。

苏轼写下了下列对联："坐、请坐、请上座；茶、敬茶、敬香茶。"

自古至今，中国人接待来宾时，都非常重视"让座于人"。"坐，请坐，请上座"，从来都是接待中备受关注、不可或缺的重要内容。对来宾进行座次排列，不仅体现自身的礼貌修养，同时也体现了对对方的尊重之情。如何体现对客户的关注与尊重，在座位的安排上便可体现出来，但是，座次要依据不同场合、不同地点和参加人员的身份进行妥善的安排。在座次安排上应讲究内外有别、中外有别与主随客便。

一、会议座次

1. 环绕式的座位安排

环绕式座次，一般在会场中不设立主席台，而是把座椅、沙发、茶几摆放在会场的四周，不明确座次的具体尊卑，而听任与会者在入场后自由就座。这样的座次安排比较人性化，没有明显的地位区分，大家也能够畅所欲言。

这种落座方式比较适合举行茶话会，但不适合一些主题严肃的会议。

2. 散座式的座位安排

散座式安排，大多适合在户外举行联欢会或是联谊会，散座式座位排列往往是将座椅、沙发自由地摆放与组合，甚至可由与会者根据个人要求而随意安置。这样就容易创造出一种宽松、惬意的社交环境。这种落座方式比较适合私下的沟通和交流，是一种比较温馨的安排。同样，这种座位安排方式只适合主题轻松的会议。

3. 圆桌式的座位安排

圆桌式的座位安排，一般是在会场上摆放圆桌，请与会者在周围自由就座。

在圆桌会议中，可以不拘泥很多礼节，只需以门作为基准点，比较靠里边的位置是比较重要的座位。其基本原则是面门为上，以内为尊。

4. 方桌式座位安排

在方桌会议中，应特别注意座次的安排。如果只有一位领导，一般会坐在这个长方形桌子短边的一侧，或者是比较靠里的位置。就是说以会议室的门为基准点，在里侧是主宾的位置。

如果是由主客双方参加的会议，一般分两侧就座，主人坐在会议桌的左边，客人坐在会议桌的右边。

5. 主席台式座位安排

这种排位是在会场上，主持人、主人和主宾被有意识地安排在一起就座。

首先，主席台必须排座次、放座次牌，以便领导对号入座，避免上台之后互相谦让。

商务场合主席台的座次排列，当领导为单数时，第一领导居中，2 号领导

在 1 号领导右手位置，3 号领导在 1 号领导左手位置；当领导为偶数时，1 号、2 号领导同时居中，1 号领导在偏右的位置，2 号领导在偏左的位置。

二、交流座次

除了需要掌握会议座次外，对于客户经理而言，最经常遇到的场合是小范围的客户交流，客户经理与客户进行交流时，应掌握必要的座次礼仪。

与客户交流时，无论行进还是入座都要掌握“以中为尊、以右为尊、以远为尊”的原则。

在邀请客户入座时，一般应以得体手势将客户请到比较受尊重的位置（图 114)，与客户交流时，坐在客户的左侧，让客户感到备受尊重。有时可以 90°角与客户交流，这样便于沟通。同时与几位客户交流时，可以采用环绕式落座方式，这样做有助于建立友好交流氛围，也便于大家提问和解答。

图 114

案　例

小赵是一位非常专业的客户经理。

他在向客户徐先生介绍有关贵宾客户的情况时说道：“根据您的资产情况，

您已经达到了我行贵宾客户级别，如果您成为我行 ××× 客户，您可以享受以下贵宾待遇：国内机场享受贵宾登机服务和贵宾专享热线，全国异地存款、取款、转账、开具存款证明书免手续费。每月凭卡可免费打高尔夫 6 次，每次 200 个球。”

在小赵兴致勃勃、滔滔不绝的解释中，徐先生突然说了一句：“我们还是出去聊吧。”

这让小赵很奇怪，他问道：“我能冒昧地问一下，是不是刚才我有做得不妥的地方？”

徐先生一边向外走一边说：“你们的座椅布局太不合理，你的座位那么高，我的座位比你低，还背对着门，总觉得像审问犯人似的，不舒服，太不舒服！当然，你刚才说的内容我很感兴趣。”

小赵这才明白，原来是桌椅角度和高度让客户产生了不愉快的感觉。

通过这个案例，可以清楚地看到，客户关心的不只是产品。小赵的专业性给客户带来信服感，但座位布局却让客户感到不舒服。因此，深入了解客户心理，掌握座次礼仪是非常必要的。尤其是在客户经理对贵宾客户的一对一服务过程中，这一点尤为明显。

作　业

1. 与客户交流时，为客户安排座位应该遵循哪些原则？

2. 在座次上有三个基本原则，它们分别是什么？

第四节 接待与拜访的礼仪

现在，银行越来越重视客户服务，这从客户进门时，大堂经理、客户经理主动打招呼上就可以看出来，有的银行甚至将叫号机放在了大堂经理桌后，客户自己很难拿到号码，而是需要大堂经理协助拿取，这样做的目的无疑是为了给每位客户以宾至如归的感觉，不错过为每位客户服务的机会，哪怕只是一句问候而已。

一、接待客户的礼仪

接待客户时，应从以下几方面做起。

1. 问候礼仪

两个人见面了，尤其在职场，需要寒暄几句简单的客套语。现在很多人都省略了，其实有许多非常温暖的问候话，可以毫不吝啬地说出来：“你好！很高兴见到你！”“欢迎光临，这边请！”“请坐！”“周末快乐！”如此等等。这样的问候会给客户留下温暖且非常深刻的印象，在潜移默化中就会建立一个很好的关系基础。

当然，见面时的问候仅有语言是不够的，还应配合适当的表情和肢体语言（图115）。有些客户经理见了客户一定会说：“您好，欢迎光临。”但客户却鲜有回应，为什么？声音中若没有积极的情感、没有微笑的表情或体态上不配合和支持，干瘪的话语本身是很难获得回应的。客户作为被服务的一方，对问候司空见惯，但那些热情、饱满、有力的问候，仍会打动他们。其前提是问候本身融合了情感、

图 115

表情和肢体动作。

2. 路遇礼仪

有时，客户经理会在网点行进时与客户相遇，下面分享一下正确的路遇礼仪。

(1) 主动让路。客户经理在银行工作区域遇到客户，应率先停下脚步，略微停顿，礼让客户先行，即便有非常紧急的事情，也应先停步做礼让姿态后再前行，停步后，应尽量侧面朝向客户，不能背对对方，并且适当向走廊或大厅的边侧让一让，以方便客户通行。

客户经理在行走过程中，如果听到身后有客户呼唤，一定要停下来转过身打招呼，如果是非常重要的贵宾客户，则不但应转身回应，还应该走向对方主动与客户握手或致意，以表达对对方的尊重。

(2) 问候致意。礼让客户时，如果可能还应该进行必要的问候，问候的语言可以简略一点，因为这是一个行进的过程，用简短的话语表达礼貌与热情即可，比如“您好”。

致意可以采用点头致意、欠身致意或握手致意。作为客户经理，应主动向客户打招呼致意，一般来说，位卑者先向位尊者打招呼，年轻人先向年长者打

招呼，下级主动向上级打招呼，银行员工应主动向客户打招呼。

（3）位置礼仪。客户经理与客户路遇有可能会在不同的场合、地点和位置，这个时候，需要讲究位置与高度基本一致的原则。比如两人一前一后时，客户经理应主动走回来，或抢步趋前迎上去；两人一上一下时，客户经理应尽快调整高度，走上台阶或走下几步，以确保和客户平等交流；两人是台上台下时，也尽量调整位置，保持平等高度再交流。

在上下楼时，客户经理如果遇到熟悉的客户，不论客户经理在楼梯上方还是下方，一定要调整到和客户同一高度再讲话，因为，如果客户经理在楼梯上方，客户需抬头仰视，如果客户经理在楼梯下方，客户则需居高临下俯视客户经理，这两种感觉都比较糟糕，得体的做法是大家在同一高度友好交谈。

3. 引导礼仪

接待客户时，需要引导客户至目的地，在引导过程中客户经理应采用正确的引导方法和引导姿势。

（1）走廊的引导方法。客户经理应走在客户的左前方，相距 0.1 ～ 1.5m，距离视客户人数和空间大小而定，行进时，尽量配合客户的步幅、步速。

（2）楼梯的引导方法。客户经理引导客人上楼时，应该让客人走在前面，自己走在后面；下楼时，客户经理应走在前面，让客户在后面，这样做的目的是为了确保安全。

上楼时，走在前边的客户会出现忐忑不安的情绪。此时，客户会建议我们走在前边。遇到这种情况时，应遵循“主随客便”的原则，听从客户的建议（图 116）。

图 116

（3）电梯的引导方法。引导客户乘坐电梯时，如果是有人值守的电梯，应请客户先进先出；如果是无人值守的电梯，则应客户经理先进入电梯，然后一手直臂护梯，一手邀请客户进入，等客户进入后，关闭电梯门，到达相应楼层后，客户经理用手按动电梯“开”键，然后护梯，请客户先走出电梯。

案 例

小赵是一名非常优秀的客户经理，所以，他有许多忠实客户。一次，他引导客户李先生去楼上的理财室。乘坐电梯时，他陪同李先生等待，为避免李先生等待得焦躁，他一边与李先生聊天，一边适时为李先生介绍银行的一款短期理财产品。电梯来了之后，小赵没有请李先生进入，而是先走进去后一手护梯，一手邀请李先生进入电梯。走进后，李先生特别感慨地说："小赵啊，你真是细心啊，我曾经被电梯夹到过，所以每次上电梯都特别小心，这是我第一次遇到有人为我护梯，太感谢了。你再给我说说刚才那个短期理财产品，我还真的挺感兴趣。另外，上次你提到的那个贵金属业务，也一并给我说说。"

一次得体细心的接待服务，可能就会为客户经理带来很多业务机会。

（4）接待大厅里的引导方法。当客户走入接待大厅或大型会客室时，客户经理要用手势指示邀请客户入座，如客户落座在了下座位置，应请对方改坐上座，当然，我们无须勉强，提醒客户后由客户自己决定落座的位置。

4. 寒暄礼仪

每次为客户经理进行培训时，讲到寒暄，经常有人问道："老师，我真的不知道和客户说什么好，所以，每次在必要的礼貌问候后就语塞了。"

（1）储备谈资。其实，这也是许多人和陌生客户见面时经常遇到的尴尬。由于我们不了解对方，很难有融洽地交流和寒暄，也不能抛出真正令对方感兴趣的话题。因此，建议客户经理首先要将自己的客户进行分类，了解客户的兴趣点，有针对性地准备，丰富自己的谈话资本和材料。

（2）事先了解。客户经理在会见重要客户之前，应该对客户的籍贯、年龄、兴趣、主要工作经历和投资经历做一些必要的资料收集。了解简单情况后，总能够找出一个点是彼此有兴趣的，一无所知地进行逐个话题的试探，是比较拙劣的寒暄方式。另外，问得多了，客户会产生被盘问的感觉。

5. 注意细节

作为银行客户经理，在某种程度上就是银行方面的代言人，因此，接待客户时应注意细节。

（1）当有客户来访时，如果客户经理正在接待其他客户，务必请其他同事代为接待一下客户，如果客户来访的事项其他人员能代为处理，一定要第一时

间安排同事协助处理，并向等待的客户致歉。

（2）如果客户经理接待了非本人客户，并且客户要找的工作人员不在时，应主动告知客户对方的位置和相关联络方式。为了确保可以及时联络到对方，并且不耽误客户的事项，应请客户留下电话、地址，并且告知客户会尽快与之联系。

（3）客户来到银行时，如果网点负责人由于种种原因不能马上接见，客户经理应向其说明等待理由与等待时间，如果客户愿意继续等待，则应做好必要的接待服务，比如为客户提供饮料、杂志等。

接待无小事，注重每个接触客户的关键点，才能赢得客户的信赖。

二、拜访客户的礼仪

客户经理的工作职责之一是维护重要客户关系，因此，拜访客户也是必须进行的一项工作。经常拜访客户还可以拉近彼此关系。在拜访客户时，客户经理不但要关注拜访内容，做好适当准备，也应讲究礼仪。

1. 有约前去

拜访客户时不要做不速之客，事先要预约，这是礼貌，也是对对方的尊重。

预约可以通过电话、短信或电子邮件来完成，选择哪种方式取决于客户的喜好；预约内容包括拜访时间、拜访的具体地点、多少人前去拜访以及拜访的主题是什么，这样做可以在会面之前做到彼此心中有数。

2. 守时守约

和客户确定好拜访事宜后，务必准时前去，遵守彼此关于时间和地点的约定。不要随意更改拜访时间。

到达的时间要争取比预约时间提前 10 分钟，当然，也不要过早到达，以免客户还有未处理妥当的事项，提前拜访会让客户感觉措手不及。如果到达的时间过早，应耐心等待，也可趁此时机思考拜访的主题，这样会面后的交谈更具针对性。

3. 敲门再进

拜访客户时，一定要敲门后进入，即使门开着，也应象征性地叩击一下门板。这样做的目的是询问对方，现在进入房间是否方便。

如果房门是关着的，叩击房门时，要使用手指关节轻轻叩击，力度要适中，确保声音能被对方听到即可，不要过于使劲，间隔有序地敲击 3 次即可。如果没有听到对方的回应，可以在 3 秒后再次敲门。

如果敲门之后获得回应“请进”，便可轻轻推门进入。在听到有人来开门时，应稍侧身等待在门的一侧。

4. 入座礼仪

客户经理进入办公室或会客室后，不要贸然坐下，要等待主人安排座位后再入座。此外，如果主人是年长者、上级或是重要客户，在主人没有入座时，客户经理不能立即入座。应在主人安排座位后，先用语言表示感谢，而后等主人入座后再随之入座，主人安排奉茶或果品时，要等年长者或其他客人动手后自己再取用。

案 例

项经理一直都不明白，自己为什么把一次好好的会谈搞得很尴尬。

一次，项经理去拜访一位非常重要的客户，由于正是夏天，非常炎热，经过一路奔波，好不容易准时到达了客户的办公室。敲门后，齐总亲自过来为他开门，这让项经理很开心。入座后，齐总的秘书询问项经理需要喝点什么饮品。此时，项经理确实渴了，也就没有客气，直接说“橙汁吧。”

不一会儿，秘书将橙汁递到了项经理手里，他端起来将橙汁一饮而尽，秘书还没来得及转身为齐总添茶，便看到项经理的杯子空了，连忙过来为项经理添饮料。

之后，项经理看到齐总的脸色渐渐冷了下来。

在享用饮品或果品时，要等受尊敬的一方先动手，其他人才能食用。这个案例中令齐总不高兴的显然不是项经理喝了橙汁，而是主人的饮品还没有端来，项经理就先行饮用了。

5. 语言规范

客户经理拜访客户时，需要讲究语言的思想性和品味，在拜访交谈过程中，不要使用俗语、俚语。

6. 及时告辞

在拜访过程中，首先要遵守约定时间，以免耽误客户的其他工作安排。在起身告别时，应主动伸手与主人握手，对热情接待表示谢意。主人相送时，应

礼貌地请主人留步，客户经理离去时，不要迅速转身，应后退一步再转身，以表达感谢及友好之情。如果主人依旧相送，应回首并与对方挥手致意。

作 业

1. 客户经理路遇客户时，应该怎样打招呼？
2. 不同情形下，引导客户时的具体位置是什么？
3. 请谈一谈拜访客户时在“入座”这一环节有哪些注意事项。
4. 请练习并回顾一下敲门的方式与技巧。

第五节

馈赠的礼仪

中国人讲究礼尚往来，送些小礼物来表达彼此心中的惦记与问候，是经常用到的一种交往方式。现在，迎来送往及喜庆宴请的活动越来越多，相互送礼的机会也随之增多，要让礼送得让对方喜欢、满意，需要讲究送礼的技巧与规则。

一、馈赠特点

向客户赠送礼物需选择适当的时机，比如对方的生日或是客户来拜访之时，礼物有时不在乎贵重，而在乎是否有心，小小的生日礼物，代表对对方的记挂和祝福，要突出送礼的礼轻情意重。

银行客户经理的馈赠，一般是为了融洽和加深与客户的感情联络，它具有以下特点。

（1）客户经理送礼一般与交际目的是一致的。客户经理向客户赠送礼品，往往与工作目的直接相关，并不掺杂多少私人情感，某种程度上客户经理的馈赠行为本身也是一种工作行为或者说代表着银行行为，其目的是联络感情。

（2）客户经理所选择的礼品与银行形象是一致的。客户经理选择礼品时，需斟酌礼品本身所带来的印象和反映的形象是否与银行形象是一致的，也就是说多承载一些高尚、积极的寓意，而减少私人化的情感。即便是为重要的贵宾客户选择生日礼物，也要尽量使所选物品与银行形象一致，传达的情谊与银行

业务本身有隐喻的联系，在价格方面要考虑到银行本身的定位与形象，而不能完全按照个人喜好或品味来选择，因为这种馈赠本身的私人情感是被弱化的。

二、馈赠目的

银行客户经理向客户馈赠礼物，无疑是具有强烈目的性的，其实，任何馈赠本身都是具有目的的，比如表达友好结识的意愿，表达对对方的感激之情，表达对对方的祝贺之意，为联络彼此感情。有时馈赠是加深彼此了解和情谊的一个桥梁，以礼品为媒，传达情谊。

客户经理向客户馈赠礼品，不外乎以下几个目的。

1. 巩固情感

以情感联络为目的的馈赠非常多，一份小小的礼物，确实具有融洽彼此情感的作用，以巩固情感为目的的礼品种类非常多，这是我们常说的“人情礼”。

2. 答谢客户

客户经理为了感谢某些客户长期的支持或信赖会向客户赠送一些礼物，有时为了答谢客户在某些领域或某些方面给予的帮助也会赠送一些礼物。这类馈赠，在礼品的选择、价值的轻重、礼品的寓意、包装的精美等方面都会有广泛多样的选择，主要是视其所传达的情感而定。礼品贵重与否，主要取决于答谢的深度，礼品价值本身在答谢方面具有强烈的表达作用，甚至接受者本身也会根据礼品的价值去体会酬谢的深意。因此，选择礼品应格外谨慎，当然，贵重并不是唯一标准。

3. 客户公关

以客户公关为目的的馈赠行为，有时看上去并无任何目的性，这种表面看似淡然的馈赠，有时是最具技巧和品质的一种公关行为。客户在接受了一些小礼品之后，自然很容易对客户经理建立好感，那么，在此之后建立业务联系也是非常自然的行为。所以，客户经理馈赠礼品很多时候是在进行客户公关，以小小的礼品作为情感纽带，增进和客户的交往，很多普通客户就是在这么一来二去的小礼品馈赠中与我们加深情谊的。

礼品不在乎昂贵与否，有心即可。有时，作为礼品的银行的纪念手帕、鼠标垫、钥匙扣等价格并不昂贵，但由于礼物上有银行的标志，客户也是非常喜欢的。下雨天，以一把雨伞为礼品，也许就会打动客户，这种馈赠的时机选择比赠礼行为本身更加重要。

三、馈赠原则

1. 投其所好

在赠送礼物之前必须了解该客户的一些基本信息，以避免好心办坏事，所谓投其所好，无非是希望礼品本身所承载的信息能够打动客户，而要做到这一点，就必须对客户的民族、宗教信仰、生活经历、职业特点等内容有必要的了解，避免因礼物触碰了客户的禁忌而引发不良后果。禁忌是一种非理性的、作用极大的心理和精神倾向，会对客户产生强烈影响，并且难于控制和弥补。

投其所好是一种非常细心的馈赠行为，礼物如果能够符合对方的喜好或习惯，往往具有四两拨千斤的效果，小小礼物也许就能打动客户。贵在用心，而不是价值决定。有时，人们往往用礼物的价值来衡量彼此的情感或是评估双方的态度与诚意，但如能做到投其所好，就能让礼物是情感的表达，是一种寄托物品。

2. 礼轻情意重

过重的礼物对客户是一种心理负担。中国人常说“来而不往非礼也”。客户如果接受了我们过于贵重的礼物也会深感不安，因为无功不受禄。因此，若能通过精心地甄选礼品、大方得体的送礼方式、恭敬尊重的送礼行为来赋予礼物深意，才是比较巧妙和打动人心的。要知道再昂贵的礼物，在客户经理轻描淡写随随便便一递“王先生，送您个小东西”的行为中也会变得不珍贵。而有时即使是一方小小纪念手帕，如果客户经理双手恭送给客户说“王先生，这是银行 50 周年庆典的纪念手帕，每个网点只有为数不多的几个，我特意给您留了一个，做个纪念吧”，礼物本身的价值在这些恭敬的语言和动作中也会升值。

3. 注重时机

馈赠行为需要讲究时机。

案 例

高先生去某商业银行办理业务，业务办理完毕，客户经理小夏将高先生送到网点门口时，发现天下起了雨。

小夏连忙说：“高先生，您等一下，我去拿把伞”。

高先生笑着说：“谢谢你，正好我一会儿要去开会，西装被淋湿了就不好了。”

小夏跑进网点拿了雨伞，把高先生送到车上，然后看着高先生说："银行的雨伞比一般雨伞大一些，用起来比较方便，送给您吧。"

道别后，小夏淋着雨快速跑回网点，并在网点门口再次与高先生挥手道别。

之后，高先生无数次地在公司向员工讲这一段经历。高先生的很多同事，就此也成了小夏的客户，大家对小夏的一致评价就是为人真诚。所谓真诚，谁能说不是那把雨伞所传达的情感呢？

每个人在最需要时得到的才会认为是最珍贵的，所以才有"雨中送伞、雪中送炭"的说法。送礼贵在心意与时机的巧妙，当然，更重要的是礼物本身是对方喜欢和需要的。

4. 选择场合

客户经理在赠送礼品时，应注意选择场合，一般的、大众化的礼物可以在公开场合赠送，但应确保在场的其他人不会因为自己没有获得礼物而产生不愉快的情感，如果是生日祝福、特别答谢的礼物则应尽量不在大庭广众之下赠送，以免增加受礼人的心理负担。

案　例

客户经理小姚了解到 VIP 客户钱先生最近过生日，于是精心挑选了一个小礼物，当他打电话与钱先生联络时，恰好钱先生有事要来银行。小姚拿好礼物站在网点门口迎接着钱先生，当他看到钱先生的身影时，连忙迎下台阶，并一边走一边将礼物递给对方说："钱先生，过几天是您的生日，提前祝您生日快乐。这是银行在 20 周年行庆时的纪念 U 盘，希望您能喜欢，请您笑纳。"

此时，钱先生还没有来得及说话，旁边的一位客户突然开口问："什么条件送 U 盘啊，你们怎么把客户还划分为三六九等，我怎么从来没收到过银行的礼物呀。"

钱先生听后尴尬地说："谢谢你小姚，还是留着送给其他客户吧。"

既然是特别为客户准备的生日礼物，就应该选在特别的地点送给客户，而不是在大庭广众之下。

四、馈赠方式

赠送礼物时，客户经理还需注意表情、语言、举止和方式，对于客户而言，礼物的珍贵与否还取决于送礼时的态度，以及送礼行为所赋予礼物的深意。

1. 最好当面赠送

赠送礼物给客户最好当面赠送，除非特殊情况，否则寄送和委托他人赠送都不是良好选择，因为当面赠送，可以通过热情友好的语言传达心意、联络情感。礼物只是载体，归根结底还是为了融洽情感，而面对面的交往，这种友好的态度可以通过语言传达出来，在寒暄与热情的交流中，友情还会得到提升。

图 117

2. 双手递送

赠送礼物时，一定要站立起身以示隆重，递送礼物给客户时，应双手稳妥地递到对方的手中，托拿礼物时要主动向前，以方便客户接拿（图 117）。

3. 恰当的语言

通常赠送礼物时，都少不了一句“请笑纳”，对方受礼之后也要感谢对方。当然更重要的是在赠送礼物时，对赠送礼物的原因、礼物本身的寓意、赠送礼物的心情进行重点描述，这样可以使小小的礼物承载浓情厚谊。

赠送礼物是一件让对方开心、愉悦的事情，因此，只有注重送礼过程中的每一个环节，才有可能打动对方。

作业

1. 什么是馈赠的基本原则？
2. 客户经理向客户赠送礼物时应注意哪些细节？

第六节 中餐的礼仪

作为儒家经典的《礼记》明确指出，“夫礼之初，始诸饮食”，此意为，饮食活动中的行为规范是礼制的发端。

我国礼仪的发端其一是祭祀礼仪，而祭祀礼仪是从饮食礼仪起始的。中国人在很长一段时间，见面的问候语都是“你吃了吗”，所以，饮食确实是生活中非常重要的一个组成部分，“民以食为天”不仅仅道出吃饭至上的观念，它还是儒家文化的核心思想——礼的本源。

现在，人们习惯把吃饭应酬称为“饭局”。由此可见，用餐已经成为一种交际文化，而不仅仅是为满足生理需求。对于银行来说，宴请是有利于客户经理和客户进行深度交流的一种形式。

一、宴请理由

宴请客户需要有得当的理由，请客吃饭本身是一个过程而不是目的，在吃饭饮酒的过程中，增进交往和相互了解才是目的。宴请的动机有工作方面的目的、私人情感的需求、投桃报李的愿望等。有的有实际的物质需求，有的则有精神层面的无形需求。

当宴请有了合适的理由，才能使对方应邀前来，为了吃而吃的宴请大多是失败的，宴请的理由若不能打动对方，也许就会不了了之。

钱钟书在《吃饭》一文中说：“吃饭有时候很像结婚，名义上最主要的东西，其实往往是附属品，吃讲究的其实不只是吃菜，正如讨阔佬的小姐，主旨倒并不是在女人。”

所以，一定要有合适的理由来宴请。另外，在邀约客户时，态度要真诚，即便被对方拒绝了，也不要气馁。

二、桌次与座次

中餐的席位排列，关系到来宾的身份和主人给予对方的礼遇，因此，是马虎不得的。宴请中，每一个位置都表达着对方的身份。中餐席位的排列，可以分为桌次排列和位次排列两方面。

中式宴会很讲究桌次和座次，一般以离门远的或居中的桌子为主桌，桌次的高低以离主桌位置远近而定，还有就是主桌右侧的桌子高于左侧的（图118）。

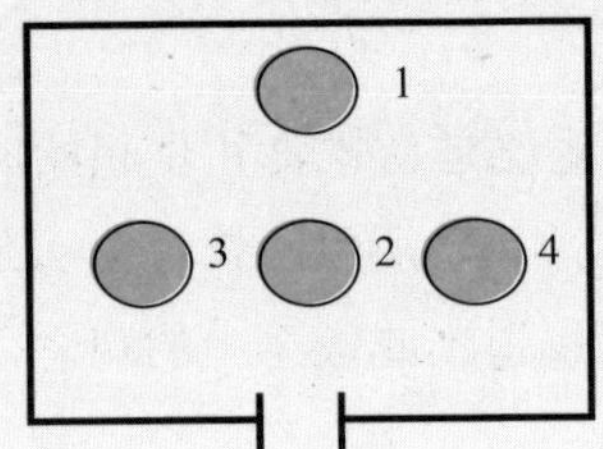

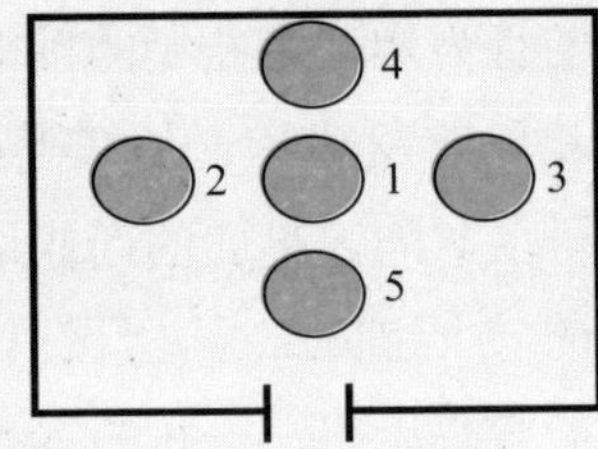

图 118

中餐宴会的座次排列一般是主人面门而坐，第一主宾落座于主人的右侧（图119）。进入宴会厅要听候主人招呼或看清楚桌子上的标志再入座，中式宴会一般都使用圆桌，而且每桌大都会有人专门照应。

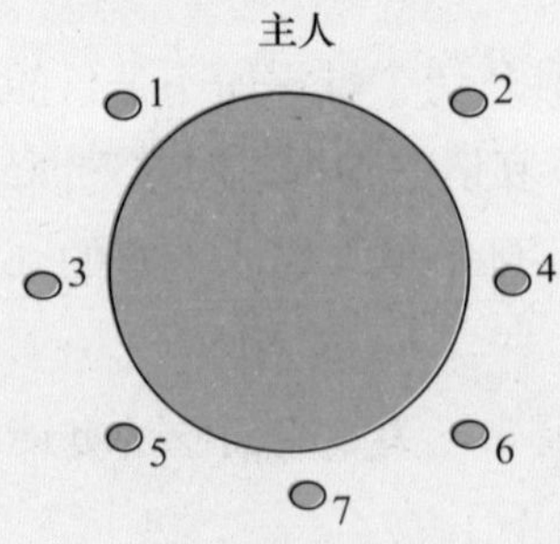

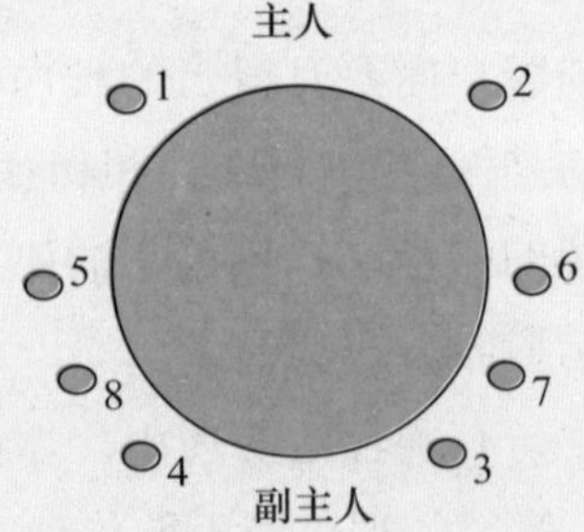

图 119

小型聚会的座次一般是居中、面门、观景为上，要请客户落座于这样的位置上。另外，还要遵守右高左低的位次原则。中餐在上菜时，会先将菜放置于主宾的面前，其目的也是照顾好主人右侧的客人先吃并吃好。

三、餐具

中餐的餐具包括杯、盘、碗、碟、筷、匙等。特别要提醒的是不能用筷子敲打餐具；也不能不确定夹哪道菜时，在空中挥舞筷子；不能用自己的筷子在菜肴里翻翻拣拣，更不能将筷子竖插入米饭或横放在餐盘里。

另外，应注意公共餐匙的使用，尤其是使用餐匙舀取菜肴之后，要及时将其放回原处，以便其他人使用。

使用食碟时，要确保其干净，不要一次夹取过多食物，也不要放太多种类，这样做既容易使食物串味，看上去也很不雅观，要吃多少取多少，随吃随取。

不要把碗端起来，要借助餐匙来进食，空的碗和碟不能当作盛放杂物的容器，即便是自己喝完汤以后，也不要把餐巾纸、烟头之类的东西放在碗里。一些骨头、鱼刺应先放在筷子上，再放在食碟的前端，不要直接吐在餐桌上。

四、其他细节

用餐前，服务员会提供擦手毛巾，可以用它擦手，但不要用来擦脸和脖子。有时在进餐中，服务员还会端来水盂，水中漂着花瓣或柠檬片，这是供大家吃完海鲜后用来洗手的。洗手时，要将两三个手指浸湿轻轻揉搓后用毛巾擦干，不要将整个手放进去清洗。

正式宴会上菜的顺序为手碟（瓜、蜜饯）——冷碟——热炒（以煎、炒、爆为主）——大菜（一般是烧、烤、焖、蒸、炸、扒等，汤汁较多，盘子略大）——汤（有时汤在凉菜后上）——甜点和主食。

宴会中，当主人讲话及敬酒时，要停止进食，认真倾听。进食时应注意自己的仪态，不要探身去取菜，较远的菜可将食碟递过去请其他人帮忙。饮酒时，不能灌酒、划酒令，应该助酒而不劝酒。用餐时需要剔牙，要用手掌或纸巾遮掩。

中华饮食文化，可谓源远流长。中国素以礼仪之邦著称，我们也讲究民以食为天，饮食文化从孔子任鲁国祭酒开始，便被重视并流传下来。中国的饮宴礼仪据说始于周公，千百年来被不断地发扬光大。在客户经理的日常工作中，宴请也是一个经常面对的场景，掌握必要的宴请礼仪是提高自身修养的途径之一。

作 业

1. 中餐座次的基本原则是什么？

2. 请思考，宴请客户时，哪些理由不容易被拒绝？

客户忠诚与客户维护技巧

客户的行为不总是一成不变的，如果不能做到让客户在情感上对银行有依赖，那么，所谓的客户行为忠诚是不成立的，因为，有些行为是被迫的或无奈的。比如某项业务客户只能到某家银行办理，比如公司业务指定会计必须要到某家银行办理。那么，一旦业务发生变化，客户就可能随时离开。

情感忠诚则不同。由于客户依赖或信赖某个客户经理，客户会随着客户经理的工作变动而追随。这时，客户依赖的是客户经理专业、卓越的服务能力，所以，必须把客户被迫的行为忠诚，争取转移到客户对银行产品的忠诚、对银行服务内容的忠诚、对银行员工服务水平的忠诚。

因此，客户经理需要不断提高服务水平，满足客户的服务需求，既而建立客户的信赖、支持和忠诚。

一、客户关系的维护

1. 关注客户全面需求，而非单一产品需求

客户经理与客户的交往是长期的，因此，对客户进行服务及产品规划时，应将目光投放得长远一点。不能只着眼于客户对某一款产品的需求进行介绍和营销，客户经理需要用专业的眼光和能力来影响和指导客户，这样才能获得客户更长久的信赖。

因此，在与客户交流之初，应把侧重点放在深入了解客户的需求与长远目

标上，使客户相信自己是在为他们的利益着想，而并不是只为自己的利益做打算。同时，应建立客户信息档案，详尽记录客户的相关信息，更好地了解客户的现状、需求与未来的计划。了解客户是一个持续的过程，所以，客户信息档案需根据情况的变化不断更新，确保客户信息档案是动态的。

2. 建立客户关系

人们总是信赖那些可以信赖的人，因此，客户经理在与客户交往过程中需要掌握节奏，不要急功近利，不要只关注眼前，不要急于向客户推销产品。客户是有情感的，而这种情感需要耐心培养，有时客户信赖了某个客户经理，便会信赖他所推荐的所有产品，我们都有过这样的体会，当我们讨厌某个人时，会拒绝这个人出售的所有产品，所以，建立情感纽带是非常重要的，客户经理做产品规划或业务帮助时，要采取帮助客户解决问题的态度，在交流过程中始终传递一个信息“一切为了保障客户利益”。这一点非常关键，它也是获得客户信赖最重要的信息之一，因为，人们总是愿意信赖那些真正为自己着想的人。此外，在业务办理过程中，要始终向客户传递“尊重”之情，比如在向客户进行销售的过程中，每一步的进展都需寻求客户的同意，并让客户参与进来，让对方掌握决定的权利。

3. 鼓励客户更多参与，提升彼此关系

客我关系有时非常微妙，一旦客户信赖了客户经理，似乎一切都会水到渠成，非常简单，如果客户对客户经理总是将信将疑，似乎每一个业务的办理都会磕磕绊绊。做法很简单，先不要急于销售产品，先学着将自己推销出去。

在接触客户之初，可以销售已获得成功的产品，以使客户产生信任感，并让客户充分参与到整个解决问题的过程中，使客户自己决定选择购买何种产品。此外，不要千篇一律地向每个客户都推销同样的产品，一定要关注客户的需求和投资理念，进行有针对性的产品介绍。要尽量向客户多介绍几种适合其需要的产品，给客户两三种选择，以便客户做决定。

4. 明确销售战略

在向客户进行营销的过程中，应始终向客户强化本银行是客户的首选，以建立客户情感上对银行的忠诚，建立客户对银行的信心。

在推荐产品或业务时，要善于对目标客户进行优先排序，确保工作的成功率。应在能力范围内，对客户进行全面的理财服务，通过专业、有效率的服务赢得客户的支持。在服务过程中，应强调本银行的服务特色和服务的独到之处。比如强调月对账单、产品组合等。有时，客户只是享受了某些服务，但却并不

了解这是本银行的特有服务，也很难体会到优越感，因此，客户经理要在服务的同时适当做些讲解，使客户在享受服务的同时，心里感觉也很舒服。

客户经理的工作职责之一就是维护客户关系，而这种关系的维护是微妙而具体的，客户不会永远忠诚，客户也没有责任忠诚，客户选择留下或走掉，也许就是一瞬间的事情。

IMG 集团总裁约克·麦克马特曾经说过："与 20% 的客户做 80% 的生意。"也就是把 80% 的时间和工作集中起来，用来熟悉占总数 20% 的对自己最重要的那部分客户。所以，客户经理需要了解客户的需求和心态，需要花时间和精力去维护这些客户。

获得一个新客户的成本是保留一个老客户的 5 倍，而且，一个不满意的客户要影响 5 个人。美国著名推销员乔·吉拉德在商战中也总结出了"250 定律"。他认为每一位顾客身后，大概有 250 名亲朋好友。如果我们赢得了一位顾客的好感，就意味着赢得了 250 个人的好感；反之，如果我们得罪了一名顾客，也就意味着得罪了 250 名顾客。这一定律让我们必须重视身边每一位重要客户。如果能让一个客户持续满意，那么，收获也是无限量的，因为，这背后的 250 个人，其身后还会影响很多人。

二、重视三个内容

1. 科学划分客户类型

划分客户类型需要通过科学的手段，将客户的资产状况、重视程度、投资理念进行划分，因此，很多商业银行已经使用科学的评估系统，对客户的投资理念进行评估。事实上，不是每个客户都掌握投资的技巧和心态，科学的评估系统使客户更为冷静地审视自己对资产的管理能力和水平，同时真正了解自己的投资方向和需求。

客户经理在维护客户的时候，应该学习并善用选择性顾客关系管理，而不是大网撒播，大网捞鱼。应将有限的精力最大限度地为关键客户服务，这一点非常重要。

按照客户管理专家提出的"金字塔"模式，可以通过客户与自己发生联系的情况，将客户分成以下 4 种类型。

（1）白金级（获利最高又忠诚的大量使用者）

（2）黄金级（获利与忠诚度次高的使用者）

（3）铁级（获利低的大量使用者）

（4）铅级（获利差又消耗过多资源的使用者）

当然，还有些客户对银行将信将疑，尚未建立完全信赖的、也并未产生直接联系的客户，这部分客户具有很大的不可预测性。

为了创造更多高价值客户，客户经理必须细分自己的客户群，过滤掉无效信息，迅速捕捉有效信息，细分的目的是提供更具有针对性的服务。不同的客户为企业创造的利润情况各不相同，那么，究竟哪些客户能够为企业创造更大的利润呢？在这里会提到一个耳熟能详的词汇“关键客户”，也就是常说的重要客户、贵宾客户、VIP 客户。

案　例

在北京首都机场 3 号航站楼，会看到中信银行，特别为重要客户提供的专属停车位。在车满为患的停车楼里，能够看到中信银行的贵宾客户，从容自在地将车停进专属停车位，这便是为贵宾客户提供的极具针对性的服务。贵宾客户的时间总是非常紧张，出差时将车放在停车楼，出差回来开车回家是件非常方便的事情，这样的便利，远胜于为客户提供一次打高尔夫球的机会。

各家银行越来越多地表现出对关键客户的重视，但科学有效的细分才有意义，才能真正提供足以打动客户的服务。

有了“服务”这个纽带，才可以谈到客户维护这个话题，让服务更加卓有成效是维护客户的重要法宝。

2. 目光长远，着眼未来

有些客户似乎在一段时间并未产生重大交易和往来，但不要因此而忽略或怠慢这些客户。有时，培育潜在客户需要客户经理付出耐心和精力，现在的客户会比以往更加挑剔、谨慎，因为他们的选择是多样和广泛的。

资深咨询机构的统计数据表明，保持一个老客户所需的成本，仅是开拓一个新用户成本的 20%左右。而且，一个企业的主要收入和利润大都来自老客户。所以，维护老客户的成本远远低于开发新客户，因此，即使老客户暂时未表现非常活跃，客户经理仍然要着眼未来，做长期的客户耕耘。

有些客户经理对待客户总是不冷不热、不温不火，说不上多么热情，也很

难指出哪里不对，总之，这样的服务和交往不会给客户留下良好而深刻的印象，但每到关键时刻却会对客户表现得热情无比，一旦达成交易又对客户置之不理，这种鼠目寸光的行为很难有长期效应。客户关系的维护是一种情感维护。

案 例

方女士的大部分资金往来都在某国有银行。因此，她打算申请一张贵宾卡，因为每次人满为患的排队景象实在让她头疼，而有些业务又不得不去网点办理。

事实上她的账面资金一直非常充分，远远高于银行方面对于贵宾客户的最低资金要求。当然，银行方面从未主动为她办理过贵宾卡。

她提出申请，并填写了相关表格，结果申请提交了 3 个月，仍未等到任何消息。

她决定将所有账户资产全部转到某商业银行，在她转账时终于引起银行方面的重视。

银行员工热情地询问转账的用途和原因，方女士看着银行员工那张无比热情的面孔，突然变得很生气。她想到：许多办理业务的日子，包括申请贵宾卡时都没有获得如此热情的服务，现在，她要离开了，似乎银行方面才觉得可惜。这种热情让她感觉非常不舒服。她没有做出任何回答，坚决地将资金全部转走了。

应时刻关注关键客户，并且寻找各种机会与他们保持良好的沟通关系，以避免关键客户的流失。优秀的客户经理总是长期与自己的客户建立往来，不放过每一个问候和服务的机会。比如在客户有喜事、生日或节日时向其发一张贺卡或者短信，在公司有重大活动时主动向客户发出邀请。比如银行举办的庆典、讲座、沙龙、联谊会等，客户来或不来对他们来说不重要，重要的是客户经理会惦记他们。

另外，一些对客户有重要意义的日子也应记下来，这种关注和关怀是客户能够感受到的。“天道酬勤”是一个不变的道理。

全美推销冠军汤姆·霍普金斯激励人们：“成功者绝不放弃，放弃者绝不会成功。”所以，客户经理的心态对于事情的态势有足够的影响。不是每一次拜访我们都会成功，不是每一次邀约我们都有收获，但客户经理一旦明确某些客户的重要性，就要坚持与客户的联系，确保彼此之间一直有畅通的沟通和交往渠道。要相信，真诚的态度是打动客户最好的技巧，一旦与客户建立友好的关系，客户一旦有业务和产品需求，我们一定是他的首选。

3. 学会推销自己

一位优秀的客户经理应该仰仗的不仅仅是企业品牌，而是个人品牌，在银行产品越来越同质化的今天，客户经理的个人魅力就显得非常重要。

（1）业务精湛，技术全面。客户总是信赖那些能够真正为自己解决问题、提供建议的人，所以，对于贵宾客户来说，客户经理应该是一本银行业务的百科全书，客户需要我们解答问题和疑虑，而不是每一个问题都需要介绍其他人员协助。

案　例

一位客户经理曾经这样写道："我形成了较好的工作习惯，每月将客户经营情况、产品使用效果形成简单的书面报告，报送分行审批、风险控制部门。这样做一方面拉近了与分行有关部门的关系，表现出负责任客户经理的形象，另一方面在分行树立了自己的专家形象。我希望分行再有任务时可以想到我。"

每个人都喜欢负责任、懂业务、技术全面的客户经理，无论是客户还是企业。

（2）具有亲和力。形容优秀的服务人员时会用到"亲和力"这个词，那么什么是亲和力？亲和力是使人亲近、愿意接触的力量。亲和力最早是化学领域的一个概念，是特指一种原子与另一种原子之间的关联特性，但现在越来越多地被用于人际关系领域，某人对另外一人具有的友好表示，通常就形容这个人具有亲和力。"力在则聚，力亡则散！"有亲和力的双方就是有共同力量表示的双方，这种友好表示，使得双方合作在一起，有一种合作意识和趋向意识，有一种共同作用的力量。有亲和力是促成合作的起因，只有具有了合作意向，才会使双方结合在一起共同合作。

因此，亲和力是一种优秀的服务品质，是一种潜在的吸引力。亲和力所产生的黏性远远大于产品吸引力。

（3）始终关心客户。在很多银行，客户进门后都会听到大堂经理说："您好，欢迎光临。"但客户给出回应的并不多。

这是为什么呢？为什么客户较少回应大堂经理的问候，这其中当然有很多

来自客户方面的个人原因，但更重要的一点是，我们的问候过于平淡，如同电脑复制的一般，客户在其中感受不到真诚，甚至有时话语平淡得比白开水还寡淡。

因此，要学会真正关怀客户，不要流于形式。客户经理在与客户沟通之前，应准确把握客户最强烈的需要，然后从客户需求出发寻找共同话题。

任何时候都应让客户感受到我们对他的需求的由衷关切，而不是只关心自己的销售业绩。

案　例

《世界上最伟大的推销员》一书中写道："我愿意化作冲刷大山的雨滴、雨水，我愿意成为吞食老虎的蚂蚁，我愿意作为一个修建金字塔的工匠，我将会一砖一瓦地建起我的城堡，因为我深深地知道，坚持不懈，一定能够完成你所追求的任何事业！我将坚持下去，直到成功，我坚持，我成功！"

没有人可以随随便便地成功，客户经理代表着一家银行，一个网点。我们付出的真诚和努力，一定会使围绕自己的客户越来越多。

作　业

1. 我们应该关注客户的哪些需求？
2. 客户经理如何体现本银行的特色服务？

第八节 案例分享

下列案例来自银行的客户经理。相信，这些案例对如何做好客户经理的工作会有一定的启发和借鉴作用。

案例一：销户变为开户

某公司财务负责人丁先生拿着营业执照副本、组织机构代码证、转账支票、现金支票等很多资料来到柜面要求销户。柜员小段接过资料询问道："您好，丁先生，您为什么销户呀？我看您去年在我行的业务往来很多的。""哦，是啊，我们公司搬家了，来这里不太方便。""好的，因为您还有企业网银等业务，得先注销后才能最后销户，建议您先就近开立一般账户，不要耽误了您的资金往来。我先把销户的申请表给您，客户经理随后会联系您的。""好吧，你这位小同志想得还真周到！"

柜员小段把客户的情况马上通知了新任的客户经理王刚。王刚查询了丁先生公司以往的流水，发现半年前往来频繁，资金沉淀量也不小，日常有几百万的存量，经营环保材料，是比较优质的中小企业。注册地点离银行也不远，王刚和丁先生约了时间上门拜访。

王刚首先表达了本人及银行的意愿，就是希望丁先生的公司留下来。"您看，您的公司曾和银行有良好的合作，我们愿意为您继续提供服务，如果有什么需

求请您提出来。”经过和客户的沟通，客户经理王刚了解到，丁先生是因为原来的客户经理小田的朋友介绍才来开户的，小田调到支行公司科工作，新任的客户经理打过电话但从没见过面，丁先生没有搬家，只是觉得受到冷落，准备转到亲戚所在的银行开户。了解到这个情况，王刚首先表示诚挚的歉意，因为接手客户经理以来，在不断地走访客户，大客户已经熟悉了，但是中小企业还没来得及走访，在此过程中影响了银企合作，自己今后一定多加关注。丁先生看到王刚谦虚、诚恳的态度，打消了销户的念头，在该银行的业务逐渐恢复起来。王刚特别叮嘱柜员，对于老客户仍要热情不减。

不久，丁先生又拿着一堆资料来了，这次来不是销户，而是老板注册了另一家公司，他是来开户的。

案例分析

柜面每天都有企业来开户、销户。有时柜员对于开户企业的资质还挑三拣四的，嫌注册资金少，对于销户的企业可能也没有多问。其实维护好一个老的优质客户，有时会给我们带来意想不到的收获。此案中，柜员小段耐心周到并及时反馈信息，客户经理虽然新上任，但热情、真挚，最终打动了客户。值得注意的是，客户经理在轮岗交接之前，应提前主动与企业财务人员联系。如果可能，最好新旧两位经理上门走访大客户，这会让企业感到被重视、安全，也为今后维护客户做好了铺垫。新任的经理应尽快了解企业的特点，做好差异化服务，尽量减少因人员变动引起的客户流失。

案例二：被“抢”的客户

冯先生是银行的老客户了，隔天就存来很多现金，而且不做其他投资，只办理保本型理财产品或债券型基金。理财经理王晨在随后的交往中了解到，冯老先生的儿子在云南有自己的鲜花、绿植基地，常年供应北方的花卉市场，他常来存入的现金就是北京门市的营业款。因为儿子常在外地，北京的业务由父

亲管理。王晨想给冯先生的所有资产做个规划，他说我做不了主，这些都是孩子指挥我办理，等儿子回北京你们再规划吧。王晨嘱咐道：冯先生，等您儿子回来可得告诉我啊！我帮他好好规划一下。

有一天，王晨突然发现理财系统中的余额有大笔减少，经查原来是冯先生的理财产品200多万到期后转走了。几天后，冯先生到银行找到理财经理王晨，说起事情的原委：上星期我儿子回来了，我们来找你，恰巧赶上你不在。当时柜面的人多，VIP都排出十几位。我儿子回北京特别忙，肯定不能等太久，我们就开车到青年路那边在写字楼里的银行，相比之下人很少，很快就办完了业务。当天值班的理财经理好像叫晓梅，看我们存大笔现金就聊起来，非让儿子开她网点的金卡。我没同意，毕竟太远了，离家有20分钟车程。那个姑娘特别热情，说可以上门服务。儿子因为有事说回头再说就走了。第二天，他们银行的晓梅电话打到公司，真的上门来了。她带着电脑给儿子他们公司的管理人员讲解银行的理财产品和服务，大家很感兴趣。之后，她开车带着3名主管去她的银行开金卡了。有的人表示在本行不够30万元，她说可以找行长特批，相信大家的实力。最后几个人都开了金卡和白金信用卡，晓梅姑娘当场教会大家使用网银，又把人们送回公司。大家没见过这么热情的服务，对她很感谢，我儿子就把我名下到期的理财转到他自己新开的金卡账户理财去了。

听到冯老先生讲的原因，王晨是又佩服又懊悔。佩服的是青年路的理财经理晓梅克服营业网点偏僻、客源不充足的困难，坚持走出去营销，终于靠自己的努力赢得了客户的信赖，懊悔的是自己网点客户资源优越却没能抓住机会。怪不得自己在不断开发新的客户，但业绩总是下滑，可能有许多像晓梅那样的理财经理凭借热情、周到的服务维护了忠诚的客户群，而自己在开发新客户时忽略了老客户，他们不觉被“抢”走了。

案例分析

客户经理在工作中是否常遇到客户“被抢”的情况呢，如果有，就该分析一下原因了。客户流失往往不是一个环节造成的，上例中理财经理不在岗，网点是否有比较熟悉客户的大堂经理在岗，如果对客户了解，应优先办理客户的大额存款业务。急客户之所急不能挂在嘴边，要落到实处。柜面排长队现象是

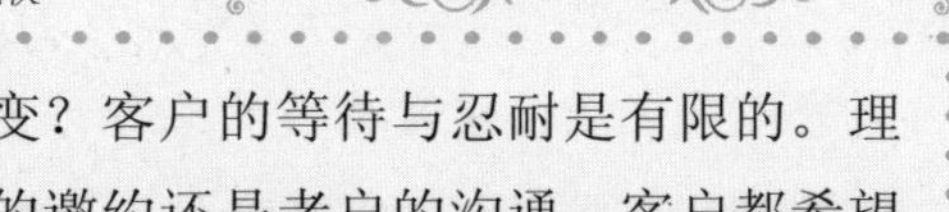

经常吗？柜员业务不熟练还是流程有待改变？客户的等待与忍耐是有限的。理财经理每天都与客户联系吗？无论是新户的邀约还是老户的沟通，客户都希望有被重视的感觉。晓梅能做到的，你也能做到。

案例三：全方位的理财师

阳光公司的法人赵先生找到银行的客户经理陈西，这次不是自己公司的需求，而要咨询住房贷款的业务。原来赵先生家庭名下已经有两套房产，最近有家新开盘的别墅吸引了他。无论是位置还是结构，一家人都很满意。而根据相关政策他不能再次购房，自己的公司需要流动资金，也不能以女儿的名字全款购房。他的女儿 22 岁，大学刚刚毕业，现在在一家公司实习，虽然够买房的条件，但女儿每月只有实习工资 2800 元，以她的收入、资质买别墅恐怕哪家银行都无法批准。赵先生一下子犯了难，因股市占压了一大部分资金几年无法抽身，朝别人借钱也不方便，于是他想到了自己开户银行的客户经理陈西。

赵先生的公司在银行开户多年，仅仅算是小型企业，但是客户经理陈西从不区别对待，每次见面总是热情相迎，对企业的需求、银行的服务征询客户的建议。因为银行地处中关村科技园区，很多企业也在园区注册。不久前，陈西筛选了部分企业逐一走访，看哪家企业属于“瞪羚”企业，对于该类企业有融资需求的，在政策上有优惠补贴。在走访中，陈西与赵先生沟通非常好，阳光公司运营稳定，资信良好，而且准备增资。赵先生对客户经理的服务及专业知识很是认同，于是在遇到问题后首先想到了陈西。分析了赵先生的购房需求，陈西回复道：您的情况我已了解了，根据我掌握的我们银行的住房贷款政策，恐怕是有难度。赵先生说：其实我是最愿和你们行合作的，因为你们对我公司了解，我个人也是贵宾客户，大家互相信任。所以我先找到你。陈西答道：谢谢您对我的信任。如果能合作是最好了，这样吧，我再确认一下其他行的政策，最晚明天给您答复。第二天，陈西已经约了另一家银行的客户经理上门给赵先生做贷款的准备工作了。不久，以赵先生和女儿作为共同借款人的 500 万元 30 年住房贷款顺利放款。

有人问陈西，你把客户介绍到别的银行做贷款，不怕客户流失吗？陈西说：不怕，我有这份信心。事实上，陈西不仅做好了客户经理的工作，还和理财经理、

消贷经理交流，学习相关的业务，更好地为企业的财务人员、管理者提供全方位的理财规划。企业的财务人员早就把陈西作为一位全方位的理财师了。

案例分析

有的客户经理在企业营销时常常遇到尴尬：听说你们行的理财产品比别的银行高是吗？我的孩子准备留学，你们行的留学贷款好批吗？现在换点欧元合适吗……企业的工作人员把银行员工都当作专家，除了公司业务外，每个人都有金融产品的需求。有的客户经理会马上向理财经理“求救”，但有的人是提前做好准备，把业务都学到。据说有的客户经理是通过为企业的老总本人理财来展示自己银行的服务理念，最终争取到企业的大额存款。上例中的陈西不仅了解本行的贷款政策，还对同业的业务有所了解，这需要不断积极主动地学习。为客户提供的金融产品越多，客户的忠诚度就越高。

案例四：客户信任来自什么

客户经理方晨由于业绩突出，被奖励到香港分行学习考察。同行的还有全国各地的其他客户经理。

在香港期间，有几位客户经理关掉了手机，他们说：“总算能清静几天了，我已通知客户本周不在岗位上。”

方晨的手机却一直响个不停，他说道：“我不能关机，我对客户的承诺是24小时开机，随叫随到。”

就在不久前，方晨所在的支行经过各级的努力，成功获得某集团公司1.2亿元人民币存款和200万美元外币存款的业务支持。大家对方晨的业绩很是佩服，方晨自己的体会是：信任来自真诚与专业。他总结道：

第一，要积极拜访，密切联系客户。由于市场及宏观政策不断发展变化，我们不可能随时与客户有业务合作。但越是在业务相对平淡时期，越应加强与客户的沟通，了解客户的需求与同业动向。密切的银企关系使我们能掌握企业

的最新动态，一旦有业务机会，企业会第一时间考虑到我们。

第二，要上下沟通，取得支持。获得客户的营销信息，除了马上向领导汇报外，应与分行、支行相关公司部、资金部等部门及时沟通，对客户报价需求、期限、他行报价情况，都应随时汇报业务部门以取得价格支持。对于新业务，客户经理应与柜台经办员工共同学习，尽快掌握流程。一旦与客户谈妥，但由于系统升级、操作失误等原因不能办理而导致客户收益受到损失，后果是不可想象的，前期所有部门所作的努力可能功亏一篑。

第三，要多方联动，求得共赢。很多客户经理在营销过程中发现，客户除了关心价格因素外，也很在乎其他增值服务。这时我们就可以发挥自身优势，如联动资金部、结算部等部门，为客户进行专业知识培训，使客户享受到我们提供的业务知识普及。

对大型集团公司的需求，银行应为其定制专门的理财产品。对于大型超市，可以联系出纳部门、信用卡部门为流动性较高的收银员进行货币知识、反假、信用卡使用与防范诈骗的专门培训。这种营销策略带来的效果非常显著，它可以提升银行的专业形象，增加客户对我们的认可，银企又可借此发现更多的业务合作机会。

方晨还曾花半年时间，得到了为某集团客户代发工资卡的业务。他为了揽存某集团公司 200 万美元的存款，利用业余时间攻读《外汇管理条例》常常到深夜，为该集团下属公司的本、外币资金归集提出可行方案，最终赢得财务管理领导的认可，为后续的营销打下了良好基础。

案例分析

相信每位客户经理在营销过程中有很多成功的经验。我们的成功来自于自己的努力，但成功的主要原因如方晨所说“真诚与专业很重要”。

在同事们眼中，方晨是外汇业务方面的能手，殊不知做到“专业”两个字是他多少个深夜研读的结果。

方晨的真诚和专业打动了客户，这是他能得到客户信任和支持的主要原因。

案例五：一切来自真诚

真诚是做好服务工作的保证，真诚可以感动人，真诚可以感染人，真诚可以感化人，客户经理的真诚可以使客户更加信赖银行，更加理解银行。

客户王女士在我行最初办理理财卡时，存款余额是 20 万元，虽然她一直申请白金 VIP 卡，但由于我行规定最低申请条件是存款余额在 30 万元以上，所以这位客户没有被批准，客户很不满意。

但我们没有放弃这位客户，而是主动给这位客户打电话，真诚地希望她成为我行的贵宾客户，并详细介绍了我行贵宾客户的条件以及享受的待遇。过了两个星期后，又给这位客户推荐了我行新推出的几项理财业务。当我第三次给这位客户打电话，并再次邀请她到我行办理 VIP 卡时，她欣然接受了邀请。当天这位客户就来到我行大客户室，一次存入 30 万元，活期账户存款余额达到 50 万元，不仅办理了白金卡，而且还开立了对公账户，这位客户说道"是你们的真诚打动了我。"

我感到：这件事换来的不仅仅是几十万的存款，而是客户对我及银行的信任。

案例分析

王女士在存款余额不足时，申请白金卡得到了银行的婉言拒绝，其心情一定是负面的。

在这种情况下，客户经理通过打电话的方式，主动联络客户，并邀请对方成为贵宾客户。尽管客户最初没有接受客户经理的邀请，但客户经理并没有放弃对方，经多次与客户交流后，使客户感到了银行真诚的态度，接受了客户经理的建议，在办理白金卡的同时，还对银行给予了更大的支持。

这一案例告诉我们，银行服务，要以真诚的态度面对客户。我们的真诚可以打动客户，我们的真诚可以换取客户的真诚，可以获得客户的支持。

作业

1. 请讲述一个自己成功的案例，并从礼仪的角度分析成功的原因是什么。

2. 请通过对上述案例的分析，总结出客户经理营销成功的关键是什么。